唯一者と無

シュティルナー・フォイエルバッハ論争を見直す

服部健二
KENJI HATTORI

現代思潮新社

唯一者と無――シュティルナー・フォイエルバッハ論争を見直す／目次

唯一者と無　シュティルナー・フォイエルバッハ論争を見直す

はじめに——『唯一者とその独自のありかた』をめぐる論争を見直す

マックス・シュティルナー（本名ヨハン・カスパー・シュミット、一八〇六—一八五六年）の『唯一者とその独自のありかたDer Einzige und sein Eigentum』（一八四四年）の序論見出しには、「私は私の事柄を無の上にすえた」という一文が掲げられている。そして序論の最後は、「私には私にまさるものはなにもない」と結ばれている[*1]。

筆者はこの著作において、この二つの引用文をベルント・カストの出典指示[*2]を参考にして自分なりに解読することから始め、シュティルナーの思想の理解を試みている。ただし筆者はシュティルナーの思想の専門的な研究者ではなく、長年ルートヴィッヒ・フォイエルバッハ（一八〇四—一八七二年）研究に従事してきた者である。そのため、この二人の論争とその論争解釈をめぐって戦われてきた研究史を批判的に検討したとき、そこからシュティルナー思想がどのように見えてくるのか、ただその一面だけを解読しただけにすぎない。十九世紀後半の哲学者や思想家は、哲学思想史の上では彼らが批判した体系的哲学者のような高山ではなく、マイナーな存在であり、今では忘れられた人も多いが、低山であってもその裾野が広く、多方面に影響を与えている人もいる。落葉の林にかすかな踏み跡を見つけて辿《たど》りながら、その跡が途絶えてからも頂きを目指して新たなルートが拓ければ、望外の喜びである。

筆者が二人の論争とその解釈史にまず興味を抱き、それを手掛かりにしてシュティルナーの到達した峰に挑もうとしたのには、次の三つの疑問があったからだ。

一つの理由は、筆者がシュティルナーの著作題名にある Eigentum が、辻潤や片岡啓治の訳書にあるように「所有」と訳され、それが定訳のようになって、研究者たちがそれに従ってきたことに、素朴な疑問を抱いたことである。筆者はそう訳さずに、『唯一者とその独自のありかた』と訳してみた。[*3] この点をめぐる筆者の見解を、ここで改めて確認しておくことも、シュティルナー論を展開するさいの基本的前提として許されるであろう。

筆者は、ドイツ語 Eigentum の抽象名詞を作る語尾 -tum を除いて、その語幹 Eigen- に注目した。eigen には「だれかに、またなにかに属している」という意味を基本として、所有を表す「自分の」という意味のほかに、「典型的 typisch、特徴的 charakteristisch、特質的 kennzeichnend」という意味がある。Eigentum の訳として、「所有」「財産」という意味に重点が置かれる場合、それでも eigen のこの基本的意味が含まれた上でのことである。[*4] Eigentum に該当するフランス語の propriété や英語の property も、同様に「特性」「性質」という意味と「所有物」という二つの意味をもっている。辞書をお持ちと思うので一度確かめて頂ければと思う。また、シュティルナーのこの著作の英語表記は、"*The Ego and His Own*"[*5] とか、"*The Ego and Its Own*"[*6] で、His と Its の違いはあるが、Eigentum を Own と訳する点では共通している。[*7] この英語 Own も、原義が「だれかに属しているもの」という意味で、必ずしも「所有」の意味とは限らない。[*8] あるいは Own ではなく possession と英訳しても、その原語は、ラテン語の動詞possidereに由来する名詞possessusを語源とするが、possidereには、「所有する」以外に「quality（性質）」とか「adjunct（付属物）」としてもつといった意味がある。[*9]

　また、シュティルナーは「唯一者der Einziger」以外にder Eignerという表現も使うが、その語も従来「所有者」と訳されてきたが、やはりeigenに由来する動詞で、だれかに、あるいはなにかに固有で、標識や特性として属しているという意味のeignenからきた言葉なので、「独自な人」あるいは「独特な人」と訳すことができる。実際にシュティルナー自身が、「人間とは、男性性とか女性性のように、私の独自性（独自なありかた）*Eigenschaft*（Eigentum）としてなにものかであるにすぎない」[*10]と、「所有」と訳されてきたEigentumを、「私」の独自性とか特徴とか固有性と訳されるEigenschaftと同義に使った箇所がある。こうしたことから、彼の著作の表題を『唯一者とその独自のありかた』と訳した次第である。

　第二の理由は、フォイエルバッハの類概念というとき、従来の研究者が、『キリスト教の本質』（一八四一年）の序論の前半「人間一般の本質」（船山訳では「緒論」の「第一章　人間の本質」）にある、理性と意志と心情とを人間存在の本質態とする彼の類概念の抽象性を論じるばかりだったからだ。筆者は、その同じ章の後半部で、対象的存在としての人間が対象に対して振る舞い交渉するありかたにおいて、類的機能を発揮するのだとされていることを重視して、彼の類概念を対象的存在という概念と結びつけて把握することが大事だと指摘してきた。[*11]シュティルナーとフォイエルバッハの論争を考察する場合、シュティルナーを含めフォイエルバッハの人間的本質としての類概念が抽象的だと批判する論者は、この著の結論直前の「信仰と愛の矛盾」と題された章（船山訳『全集』第一〇巻第二七章）の末尾で、「類はなんら抽象物ではない」*12といわれていることを無視している。類概念をめぐって、どうして同じ著作の最初に抽象的と思われるような三つの本質を述べながら、最後に「抽象物」ではないと注意を与えているのか。従来の研究は、それを読み取る努力を放棄して、対象的存在について論じても、類概念を対象的存在の論理から解明しようとはしてこなかったのである。

第三の理由は、シュティルナーとフォイエルバッハの論争において重要な資料であり、前者について言及したフォイエルバッハの数通の書簡の史料批判が不十分なまま議論され、そのまま放置されてきたからである。つまり、それらを最初に紹介したボーリン（一八三五—一九二四年）が、不正確で恣意《しい》的な編集を行ってきたために、シュティルナー研究に功績のあったマッケイ（一八六四—一九三三年）や、浩瀚《こうかん》なフォイエルバッハ研究を示したラヴィドヴィッツ（一八九七—一九五七年）たちも、その影響を受けて誤りを引き継ぎ、その後の研究者たちもまだその混乱を抜け切れていないのである。

以上の三つの理由に基づいて、シュティルナーとフォイエルバッハのそれぞれの思想と、両者の論争を解明するために、本著を以下の諸章から構成した。

「第一章「一切を空《くう》だと見定めた／ああいい気持ち！」」は、カストによる注釈書が教えてくれた出典を参考に、ゲーテ（一七四九—一八三二年）の詩「空《くう》の空《くう》」（一八〇六年）が示す人間主義と、『旧約聖書』の『コヘレトの言葉』（『伝道の書』）が示すユダヤ教的世界観との対比で、シュティルナーの唯一者の思想を解読したものである。

「第二章　フォイエルバッハの弟宛て書簡について」は、シュッフェンハウアーによって編集された、アカデミー版全集の書簡集に収録されているフリートリッヒ・フォイエルバッハ（一八〇六―一八八〇年）宛ての数通の書簡を取り上げて、ボーリン以来の混乱や思い込みを正し、フォイエルバッハのシュティルナー受容といわれるものが実際どうであったのか、その姿を明らかにしたものである。

「第三章　類概念と対象的存在の論理」は、フォイエルバッハの類概念（理性、意志、心情）を対象的存在としての人間のありかた、振る舞いから考察し、それを抽象的とみなす解釈に反論するものである。

「第四章　唯一者の独自のありかた」は、シュティルナーの主著の「第一部　人間」と「第二部　自我」の論述に即しながら、彼のフォイエルバッハ批判の真意を探るとともに、Eigentum の用語の二義性、つまり「所有」と「独自なありかた」を使って、唯一者の独自のありかたを解読したものである。筆者は、シュティルナーの唯一者の思想が、フランクフルト学派が提起した啓蒙の弁証法を先駆的に展開した歴史哲学であることを、積極的に評価することになる。

「第五章　エゴイストの往き来と創造的無」は、シュティルナー思想を歴史哲学として評価することに基づいて、人間的現存在の共同構造を愛の観点から展開したフォイエルバッハと、従来「交通」と訳されたエゴイストの立場からの対立的相互関係である「往き来」の相違を明らかにしようとするものである。

こうした章立てによって、今から五〇年も前に購入し折に触れて親しんできた、レクラム文庫のシュティルナーの主著を解読しようと試みた習作が本著である。

第一章　「一切を空《くう》だと見定めた／ああいい気持ち！」
――ゲーテとコヘレト、そしてシュティルナー

一　シュティルナーの基本思想

フォイエルバッハとシュティルナーは、のちにすれ違いの議論を戦わせることを暗示するかのように、相前後してそれぞれベルリン大学でヘーゲル（一七七〇―一八三一年）の講義を聴講している。前者がベルリン大学に在籍していたのは、一八二四年夏学期からエアランゲン大学に移籍する一八二六年春まで、つまり一八二五年冬学期終了までの二年間である。彼自身が「私の哲学的発展行程を特色づけるための諸断片」（一八四六年）で、「私は今やヘーゲルを済ませた。私は美学を除き彼のすべての講義を聴き、そのうえ論理学は二度聴いた」[*1]と回顧している。確かにヘーゲルが美学講義をしたのはフォイエルバッハがエアランゲン大学に移ったあとの一八二六年夏学期だから、彼は二年間の間に、「美学を除き」「宗教哲学」と「論理学・形而上学」（一八二四年夏学期）、「自然法と国家学または法哲学」（一八二四年冬学期）、「論理学・形而上学」、「人間学と心理学または精神哲学」（一八二五年夏学期）、「哲学史」、「自然哲学または合理的自然学」（一八二五年冬学期）を聴講していたことになる。[*2]シュティルナーの場合はどうか。マッケイによれば、一八二六年十月十八日から、フォイエル

バッハと同じくエアランゲン大学に移るまで、これもまたやはり二年間在籍して、ヘーゲルに関しては「宗教哲学」（一八二七年夏学期）、「哲学史」、「心理学と人間学」（一八二七年冬学期）を聴講したことになっている。[*3] この比較だけでは、熱心にヘーゲルの諸講義すべてを聴講したフォイエルバッハと、それほどではなかったかのように見えるシュティルナー、という違い以外に、今ここで、ベルリン大学在籍時に彼らのヘーゲル受容がどう違うのかを論じるほどの材料は見当たらない。

　ではシュティルナーの主著の序論を取り上げて、その解読を試みるに先だって、彼の主著を繙《ひもと》き、そこにみられる唯一者の独自のありかたについて、彼の基本的考え方をあらかじめ簡単に整理しておこう。ここではフォイエルバッハとの関係を念頭において、その整理を行い、次節で序論を取り上げて、その解読を試みることにする。

　シュティルナーは、フォイエルバッハが『キリスト教の本質』で、神の本質を疎外された人間の類としての本質だとしたのに対して、「私は神でも人間なるものでもなく、最高存在でも私の本質でもない。だから、私が本質を私の内に考えようが私の外に考えようが、根本的には同じことなのだ。[*4]」とのべている。人間の類的本質、あるいは「人間なるもの」という抽象的で一般的な本質を考え、それを人間の「外」の神のなかにおいて、人間の疎外された本質とみようが、それを神から取り戻して人間の「内」におこうが、どちらにしても「同じこと」なのだと主張されている。この批判は、フォイエルバッハが古い哲学と同じように、幽霊のような本質を真理とする本質主義の立場に立っていることを指摘するものだといえる。

　シュティルナーのいう「私」が本質ではないということは、従来の哲学が、「人間とはなにか」という問いに対して、問われているものをその「人間」という言葉によって命名し、意識とか思惟や精神とかによって、その「なにか」という本質を概念的に規定してきたのとは異なるということである。またその問いを仮に「人間とはだれか」といい直したとき、だれそれだと答えるときの姓名も、それらすべて「単に名前にすぎない」とする限り、徹底した唯名論的立場が表明されているといえる。[*5]シュティルナーは、「私」は、「命名できないもの」、「思想を欠いているということ」、「考えることができないもの」、「概念把握できないもの」、あるいは「言えないもの」、「言い表せないもの」であると、言葉を変えて何回も、言葉によっては明示的に分節されえない唯名論的な個としての、唯一者の根源性を暗示しているのである。[*6]

シュティルナーの著作の「第二部　自我」は、「Ⅰ　独自性」、「Ⅱ　独自な人」、「Ⅲ　唯一者」に分かれるが、彼にとって「私」という自我の「独自性 Eigenheit」とはどういうものだろうか。彼は、キリスト教的伝統の自由概念について、それは、人がその罪を免れるという場合のように、なにかから免れているといういわば消極的な自由であるとしている。その場合、人は常に、それをさらに超える自由を悪無限的に限りなく求めざるをえないために、かえって自らその自由を制約することに陥るというのである。そうした自由は、「まったく多くのものから免れることができるにしても、すべてを免れることはできないのだ」[*7]と批判される。彼がそうした自由に対して対置した「独自性」とは、独自な存在であろうとする意志の「力 Macht」であり、この創造的な力によって「私」は、唯一な自己自身のありかたをもつことになる。こうして、彼は「私はいつもいかなる状況においても私独自のもの *Mein eigen* なのだ」といいきった。[*8]そう断言する唯一者の独自性は、対自存在そのものを自由とし、それが自由の刑に処せられていて、自由であるか自由でないかを選択できないと、いわゆる牢獄の中での自由を主張したサルトル（一九〇五―一九八〇年）の実存主義的自由を先取っているといえる。しかしながら、サルトル的な自由の主体である対自存在は、シュティルナー同様に無と呼ばれるが、それは事物存在である対他存在を、つねに自己のありかたにおいて巻き添えにせざるをえないという意味で、事物存在につき纏《まと》われて、不安な状況に置かれているので、シュティルナーのようにきっぱりとすべての事柄と手を切るという徹底性はない。

　こうして「私」といわれるシュティルナー的自我は、もはや自我という手垢に汚れた近代哲学の伝統的な名称ではなく、主著の題名にあるように「唯一者」と呼ばれることになる。そして「私」の力による「世界との往き来 Verkehr」こそが、これまで一般に「所有」と訳されてきた自己の「独自なありかた」であり、そのありかたによって「自己享受」、「世界の享受」「生の享受」が成立する。[*9]したがって、唯一者と呼ばれる「私」の Eigentum とは、「私」がいついかなる時においても、世界との関わりにおいて自己の生命を享受するその唯一の独自のありかたそのものだといえる。

二　ゲーテとコヘレト

　シュティルナーの著作『唯一者とその独自のありかた』の序論部分の冒頭に掲げられた「私は私の事柄を無の上にすえた」（Ich hab' Mein Sach' auf Nichts gestellt）[*10]という一文は、カストの註[*11]や新ＭＥＧＡ版『ドイツ・イデオロギー』の註[*12]によれば、ゲーテ（一七四九―一八三二年）の「つどいの歌 Gesellige

Lieder」にある「空《くう》の空《くう》、空《くう》の空《くう》なるかなVANITAS! VANITATUM, VANITAS!」と題された詩の第一行の句である。その詩の冒頭と最後を、松本道介訳と原文とを併記して以下に示しておく。

一切は空《くう》だと見定めた。
　ああ、いい気持ち！
だから世の中一切悩みもない。
　ああ、いい気持ち！
おれの仲間になりたい奴は、
このワインの残りで乾杯し、
一緒に歌っていきたまえ。
（中略）
今や一切は空《くう》だと見定めた。
　ああ、いい気持ち！
だから全世界はおれのもの。
　ああ、いい気持ち！
歌も宴会《うたげ》ももうおしまい。
残った酒をのみほそう。
最後のひと飲みで空《から》にしよう。

Ich hab mein Sach auf Nichts gestellt.
　Juchhe!
Drum ist's so wohl mir in der Welt.
　Juchhe!
Und wer will mein Kamerade sein,
Der stoße mit an, der stimme mit ein
Bei dieser Neige Wein.
………
Nun hab ich mein Sach auf Nichts gestellt.
　Juchhe!
Und mein gehört die ganze Welt.
　Juchhe!
Zu Ende geht nun Sang und Schmaus.
Nur trinkt mir alle Neigen aus;
Die letzte muß heraus![*13]

この「つどいの歌」は、ゲーテが長いイタリア滞在（一七八六年九月―一七八八年六月）からワイマールに帰り、『西東詩集』に取り組み始めるまでのいわゆる「古典主義時代」（一七八八―一八一三年）に属するもので、「空《くう》の空《くう》」は一八〇六年の作品である。[*14] 右に示した詩の第一行「一切は空《くう》だと見定めた（Ich hab mein Sach auf Nichts gestellt）」は、レフレインしていく。詩が進むにつれて、冒頭にある語「空《くう》 Nichts」は、「金と財産 Geld und Gut」、「女 Weiber」、「さすらい Reis' und Fahrt」、「名前に肩書 Ruhm und Ehr'」、「戦争 Kampf und Krieg」に置き換えられながら、再び「空《くう》 Nichts」にもどって締めくくられる。このレフレインに導かれて詠われる詩句の内容を理解するためには、ラテン語で書かれたその「空《くう》の空《くう》」云々《うんぬん》の題名が、旧約聖書の『コヘレトの言葉』第一章第二節の有名な一節に由来することを想起しなければならない。そこには「なんという空しさ、なんという空しさ、すべては空しい」と謳《うた》われていて、[*15] ゲーテのこの詩はそこから採られているのである。

しかし、ゲーテの詩句「空《くう》の空《くう》」は、同じ表現ではあっても『コヘレトの言葉』とは異なっている。つまり、後者が人の世のすべてを虚《むな》しいと嘆く懐疑的厭世《えんせい》観をのべながら、その虚しい世に対して逆説的に絶対的な神の支配を崇《あが》めるという、敬虔な宗教的世界観であるのに対して、前者は、後者の言葉を踏まえながらも、それを戯画化して、人生に対して自分自身の内面から湧き上がってくる真実の感情を捉《とら》え直し、それを詩的に表現しているのである。そしてそこには、人の世の日々の営みとその喜怒哀楽の生を肯定する古典的な人間主義が謳われている。したがってそのことを考えると、ゲーテの詩句を、シュティルナーの著作のように「私の事柄を無の上においた」と訳してしまうと、生硬《せいこう》になり理解しにくくなる。松本訳のように「一切は空《くう》だと見定めた」とするのが、『コヘレトの言葉』を含意したゲーテの新しい人間主義を適切に表しているといえよう。しかし、『コヘレトの言葉』の宗教的世界観と、それを真面目にいわば風刺したゲーテの人間主義的世界観との違いを念頭におくと、「一切は空《くう》だと見定めた」という表現には、まだなにか積み残したものがあるように思われる。ゲーテのこの一句は、正統的な神信仰へと逆説的に変容する諦念《ていねん》的な空しさや厭世主義を示しているのではなく、繰り返し発せられる二行目の「ああ、いい気持ちJuchhe!」が示すように、「それがどうした」とか「なにもそんなことには拘泥しないし頓着しない」というニュアンスを含んでいるのである。

また、右記の引用で省略した詩句には、たとえば「世の中一切女だと見定めた。／ああいい気持ち！／おかげでいろいろひどいめにあった。／おおつらい！(O weh!)」にみられるように、Juchhe「いいねぇー」という歓喜の声と、weh「うへぇー」という悲哀の嘆きの声が、人の世の出来事の表裏として伴っていることが、繰り返し詠われている。「金と財産」を手に入れた歓喜と、それが手から滑り落ちて失われていくことの悲嘆、「さすらい」と訳された「旅」の喜びと、それとは逆に、生まれた国から遠く離れて見知らぬ土地にいる辛《つら》さ、「名前に肩書」を得た誇らしげな気持ちと、それなのに自分と同じ同僚が上役にいることへの落胆、「戦い」に勝利を収めた喜びと興奮、その「戦い」で自分の足を失った悲しみや痛さ、こうした内容がいつも繰り返されるのである。しかしながら、それにもかかわらず、この詩の最後には、「だから全世界はおれのもの。／ああいい気持ち！」と、人の世と人のすべての営みとが肯定されるのである。レフレインのなかで、「無」の代わりに立てられていくこうした言葉が示す人生のさまざまな事柄に、嬉《うれ》しい時には喜びの声をあげ、悲しい時には嘆き、人間のそうした制限された生を、有限な存在である自分自身の形式として受け容れ、それで良しとする人間の内面的感情と、その振る舞いとが表現されることになる。形式を受け入れることが制限を甘受することではなく、かえって有限な人間としての自己の生を高揚させると考えられているのである。ショーペンハウアー（一七八八—一八六〇年）も、ゲーテの詩「空《くう》の空《くう》」にある冒頭の言葉、「一切は空《くう》だと見定めた」について、それがもともと「人間が可能なすべての要求から脱却して、素寒貧の存在（das nackte, kahle Daseyn）に立ち戻ったとき、はじめて人間的な幸福の基礎をなすような精神の平静に参与することになるということをいっているのだ[*16]」と解釈している。「素寒貧の存在に立ち戻る」ということが、有限な姿のありのままを晒《さら》すということであり、「人間的な幸福の基礎をなすような精神の平静に参与すること」が、そうした有限な生を良しとして受け容れる寛《ひろ》い心の振る舞いを意味しているといえる。のちにコルフ（一八八二—一九六三年）が、古典主義時代のゲーテの人間主義について、「制限されてはいても併《しか》しそれ故にまた浄化されてもいる生の静かな感情を、その最高の価値と感ずる人間性である[*17]」と評したのも、ショーペンハウアーと同様の解釈だといえる。ゲーテの古典主義的人間主義は、一切の歓喜と苦痛をものともせずに、天才的な人間の創造的な力を発揮するという、シュトゥルム・ウント・ドランク（疾風怒涛《しっぷうどとう》）時代の、若きゲーテの人間主義的理想とは違うのである。

　このようにカストによって指示された二つの出典を繙くと、ゲーテの詩で「無」に置き換えられていく諸表現が、『コヘレトの言葉』の「空の空」にもみられることに気づく。それらは、後者にあげられている人の労苦（1-3）[*18]・知恵や知識（1-16以下）・快楽（2-1以下）・飲食（2-3以下）・友（4-10）・

正義と不正（5-7）・冨や財産（5-9以下）・善人と悪人（7-15）・妻（9-9）・戦い（9-14）・権勢（10-5以下）など、枚挙されている世の事柄ほぼすべてに重なっている。これらの事柄すべてが儚《はかな》く虚しいと、『コヘレトの言葉』は、たしかに人生に対する懐疑的な嘆きをのべたように思われる。しかしこの書は、すべてが空しいと嘆く人に対して、逆説的に、いちいちそれらに心をとめて思い煩わずに、与えられたこの生を愉しむことを呼びかけるとともに、そうした人の世の変転するすべての出来事と、それらに翻弄《ほんろう》される人の喜怒哀楽は、神によってそれらすべてが、しかるべき時にしかるべく定められたのだから、すべて見通し予定した神の御業を畏《おそ》れ敬えと、敬虔な信仰をもつよう呼び掛けているのである。

『コヘレトの言葉』の宗教的世界観とゲーテの詩的世界観、これら二つの「空の空」には、人生の空しさへの嘆きとともに、現世と人の有限な生とをありのままに受け入れるという、肯定的な現実主義とが認められる。前者は、全能の神がそうした出来事にふさわしい時に、ふさわしい形で定められたからだという信仰によってそうしているのであり、後者は、明らかに前者の『コヘレトの言葉』をなぞりながら、自分自身の世界観を別様に、つまり、コルフがいう「向神的 gottzukehrt」ではなく、「向世界的 weltzugekehrt」に謳いあげている[*19]。つまり、世界肯定的なその現実主義が、人間の有限な生とその営みを定めた神の賛美から生じるのではなく、また天才の創造的な力の剝《む》きだしの無限性を賛美することから成り立っているのでもない。そうではなくて、神から生へと向き直り、世界を肯定することができるのは、喜怒哀楽に翻弄される有限な生の形式があってこそだとされているのである。即ち、その現実主義は、人の世のすべてが有限的で空しいとしても、それらを穏やかに受け容れ、かえって・にもかかわらず・それでもなお、毎日愚直に働き続ける人間の生の営みを、賛美する気持ちから生じているのである。

三　そしてシュティルナー

ゲーテとコヘレトのこれら二つの立場に対して、「私は私の事柄を無の上にすえた」という句を、その著の冒頭においたシュティルナーの場合はどうか。彼は、前者の詩にある「一切は空《くう》だと見定めた／ああいい気持ち！」と「だから世界は俺のもの／ああいい気持ち！」の二つを自分の思想の核に取り入れている。そして彼の眼差《まなざ》しは、明らかに、ゲーテの詩「空《くう》の空《くう》」から『コヘレトの言葉』へと、二つの世界観を重ねて刺し貫いている。このことを念頭に、冒頭句の「無」という言葉を検討しよう。彼は冒頭にこの句を掲げたあと、序論の本文を次のように始めている。

> 私の事柄でないものがあるとでも思っているのか！　とりわけ善なること、それから神のこと、人類・真理・自由・人間性・正義のこと。さらに私の国民・私の君主・私の祖国のこと。そして最後に、まさしく精神のことやその他もろもろのことども。ただ私の事柄だけは、決して私の事柄でないとすべきである。*20

シュティルナーがここで「善なること」から始めて列記した事柄もまた、人の世のあらゆる事柄であり、著作でなんども繰り返し詳論されるものである。ゲーテの詩「空の空」との関係でいえば、ゲーテが「無」におきかえた『コヘレトの言葉』に由来する数々の出来事に対して、シュティルナーにあってはそうした事柄すべてが、冒頭の反語表現が示すように、すべて「私の事柄」に還元されているのが特徴である。注意すべきは、それらの「事柄」そのものに重きが置かれているのではなく、それらの事柄すべてに「私の」が冠されているように、重点は、それらの事柄そのものが、私のものではないことを否定することに置かれているのである。その限りでは、そうした「事柄」そのものが、『コヘレトの言葉』のように逆説的に宗教的立場から肯定されるのでもなく、またゲーテのように、現世の有限的なすべての出来事を、ありのままで受け入れる寛容な人間主義とも無縁なのである。また国民や君主や祖国も、そうした「私の事柄」とされることによって否定されているように、ゲーテの向世界的な現世肯定主義が、人間的なものや社会や国家をそのまま受け入れるという、批判を欠いた無批判的実証主義に陥りかねないと、拒絶されていると考えられる。

　人の世のすべての「事柄」を「私の事柄」に還元するほど、ただ「私」というただその一点にのみ根深く「すえた」のだという見解は、ゲーテの古典主義的な人間主義のように、そうしたことどものどれかを自分の務めとして、自己の創造的な力に形式を与え、内面的な道徳的力を高揚させようとするのではなく、かえって、そうした「事柄」すべてに対して消極的な態度を示すものである。いやそれどころか、それらが道徳的な務めや義務や理想や目的に化体すること一切が、自分自身の創造的な生命力を弱化させるものだとして、拒否する否定的な態度だといえる。このニヒリスティックともいえる態度は、引用文の最後の文章の傍点で強調された「私の事柄だけは決して私の事柄でない」という自家撞着《どうちゃく》した謎《なぞ》めいた一文で頂点に達している。ここでいわれている傍点のついた「私」は、著作『唯一者とその独自のありかた』の最後にいわれている「創造的な無」としての唯一者としての「私」である。彼は次のように語っている。

唯一者において、独自な者でさえも、自分がそこから生まれてくる創造的な無に回帰する。神であれ人間なるものであれ、私を高く超えたどんな存在も、私の唯一性の感情を弱め、自分が唯一だと感じるこの意識の光に照らされて、ようやくのこと色褪《あ》せていく。私が唯一者である私の上に私の事柄をおくと、その事柄は、移ろいゆくもの、おのれ自身を消尽する死すべき創造者の上に立つのであり、そして、私は私の事柄を無の上にすえたのだ、といって差し支えない。*21

「私の事柄」すべてを「創造的な無」としての唯一者という「私の事柄」に還元することが、ここに宣言されている。「私の事柄」と「私の事柄」との違いをわかりやすく説明すれば、傍点のつけられた後者が創造的な活動の主体であり、活動そのものだから有（存在）ではなく「無」とされ、傍点のない前者が活動の結果として産み出された有（存在）だから、後者を根拠としてその「上」にすえられたのである。このことは、ゲーテの詩「空《くう》の空《くう》」冒頭の Nichts が、「一切は空《くう》だと見定めた」（松本訳）と訳されたように、また筆者がその意味を「そんなことには拘泥しない」というほどのことだと指摘したように、文章全体を否定する副詞的働きを示していたのと違って、シュティルナーの冒頭文の Nichts は、独立した名詞として機能し、彼の思想のアルファにしてオメガ、原理そのものと化しているのである。

「神であれ人間であれ」という表現が示唆するように、『唯一者とその独自のありかた』の序論冒頭の文章、「私は私の事柄を無の上にすえた」は、神の事柄と人類あるいは人間の事柄について、唯一者としてのエゴイストである私の立場からの最終審判だといえる。それは、思想史の広い射程からみれば、『コヘレトの言葉』が示す宗教的世界観と、ゲーテの古典的な人間主義とをともに否定して、「ああいい気持ち！」とそれらからの訣別《けつべつ》を宣言したということになる。

四　まとめ――世界を無の上に「すえる」

序論の最後は、「私には私にまさるものはなにもない！ Mir geht nichts über Mich!」という一文で結ばれている。*22 カストの註によれば、これもゲーテの劇詩『サテュロスあるいは神にされた森の精霊』第二幕でのサテュロスのセリフ、「私には世界の中で私にまさるものはなにもない、／神は神で、俺は俺だからな。Mir geht in der Welt nichts über mich: ／Denn Gott ist Gott, und ich bin ich.」から採られたものである。*23 ただそのセリフからは「世界の中で in der Welt」が省かれている。シュティルナーがそれを省いた理由は、ゲーテがその詩「空《くう》の空《くう》」の最後に「だから世界はおれのもの」と謳いあげたことを踏まえながら、「おれのもの」といったことに関わっている。なぜなら「世界の中で」というかぎり、唯一者は世界に包含されることになり、世界は私ならぬものとして私の外に存在することになるからである。それではまだすべてを「無の上にすえた」ことにならないと考えられているからである。世界という外的現実を肯定的に受容する古典的人間主義では、もちろん不徹底であるし、サテュロスの台詞《せりふ》「神は神で、俺は俺だからな」のように、「世界は世界で」とその非私性を存続させ、「私は私だからな」と、それぞれを併存させる二重真理は、唯一者からすればありえないからである。

こうしてシュティルナーは、人の世の事柄すべてを唯一者の「上に」「私の事柄」としてすえ、唯一者を世界の中の存在とするのではなく、また唯一者を超えて世界があるのでもなく、世界そのものを唯一者の「世界との往き来」として、自己とその生を享受する唯一者の「独自のありかたEigentum」だと宣告したのである。

最後に、世界を含めすべての事柄を「無の上にすえた」(gestellt haben)というときの「すえる」(stellen)とは、どういうことだろうか。ヘーゲル哲学の場合、一切の自然的なもの、直接的なものは、精神の働きを通して「おかれる」(gesetzt werden)ことになる。通常それは「措定される」と訳されている。すべてのものは精神の措定作用(setzen)によって媒介されて、自らのうちに次第に自分の本質が精神であることを示し、最後には精神が自然と歴史を通して自己自身に回帰する。自然と歴史という他者のもとで自己自身のもとにあるという同一性こそ、主体としての精神の自由であり、精神の無限性と考えられているので、この措定作用という用語は、彼の弁証法的思考にとって重要な役割を果たしている。ヘーゲルの「措定する」という働きは、人間の趣味や目的にあわせてこの人形をこの棚の上に置くのと同じように、精神の自己回帰という目的のために、一切をその壮大な体系上の特定の位置と状態に、それらにふさわしい時に配置し、それらが示す論理構造にあわせて整序することなのである。それに対してシュティルナーの場合の「すえる」ということは、それらすべてを「創造的な無」とされる唯一者の働きに還元することであり、棚の上におかれた人形を、気分が変わって模様替えしたいからといって、別の写真におき換えるだけとは違って、そこから一歩も動かせないように、深くその一点に根を張らせ、唯一者の独自のありかたを常に浮き彫りにすることである。それが「すえた」ということなのである。

ハイデッガー（一八八九―一九七六年）は、技術によって支配される社会を「総かり立て体制 Gestell」[*24]として、つまり、集められた全体を意味する接頭辞 Ge- と stellen の語幹の合成語によって描いていた。しかし、主観的な人間による技術的な「かり立て」が、存在忘却の歴史としての西洋形而上学の歴史にとどまらず、歴史そのものの歩みと考えている彼の眼からすると、ヘーゲルの「措定する」とシュティルナーの「すえる」、そのいずれの表現にも、存在を「かり立て」られたものにする、力と意志をもった主観性原理の極致がみられるだろう。

筆者はこの第一章において、カストの注釈をヒントに、シュティルナーの著作の序論の文章がもつ重層的な意味のひとつを解きほぐして、少し窓を開けてみたにすぎない。その限られた窓からの景色は、まだいまのところ薄暗く、微かに明かりが予感されるだけである。筆者は、黒い旗を掲げて、すべてを「創造的な無」としての主観性原理に還元することも、白い旗を掲げて、存在を隠蔽《いんぺい》する主観性原理に抗いながら、自らを顕わにする存在にすべてを還元し、歴史的世界を存在論化することも、ともに歴史的な出来事がもつ特殊的な媒介過程を、すべて一色に塗りたくることになりはしないかという懸念をもっている。しかし、『唯一者とその独自のありかた』序論が示すように、シュティルナーが、『コヘレトの言葉』のユダヤ教的宗教的世界観と、ゲーテの詩「空の空」が示した人間主義の肯定的世界観とを広く視野に収めた、歴史的思考を目指していることは、明らかにできたと考えている。それに続けてこの著が巻き起こした論争について論究すること、それが次章の課題である。

第二章　フォイエルバッハの弟宛て書簡について
——シュティルナーとの論争解釈史における混乱

一　はじめに——七通の書簡

この章の目的は、シュティルナー・フォイエルバッハ論争について、その研究史を踏まえて議論するにあたり、シュティルナーと関わるフォイエルバッハの弟宛て書簡を最初に紹介したボーリンから、書簡の不正確な理解や混乱が始まったことを指摘するものである。そして、シュティルナー研究に功績のあったマッケイや、フォイエルバッハ研究の基礎文献としての地位を確立したラヴィドヴィッツたちにも、その誤りが引き継がれてきた研究史の一齣《ひとこま》を示し、それらの史料批判を行うことである。

フォイエルバッハは、『ヴィーガント四季報』第二巻（一八四五年）に無署名で発表した「「唯一者とその独自のありかた」に対する関係における「キリスト教の本質」」でシュティルナーに反論したが、『キリスト教の本質』が出版されてからこの反論が出版されるまでに、シュティルナーに言及している以下の数通の書簡が残されている。

（一）「公開予定」の書簡（史料①）について

ボーリンによって、フォイエルバッハが当初公開を予定していたとして、『ルードヴィッヒ・フォイエルバッハ、その活動とその同時代人、未刊の資料を利用して』（一八九一年）で紹介された書簡がある。[*1] これを史料①とする。この書簡は、ボーリン以外に、シュティルナー研究に必須の基礎文献といってても過言ではないマッケイの『マックス・シュティルナー　その生涯と作品』（一八九八年）において利用され、[*2] またフォイエルバッハ研究の古典として名高いラヴィドヴィッツの『ルードヴィッヒ・フォイエルバッハの哲学と運命』（一九三一年、第二版一九六四年）にも利用された。そしてそのことが、彼らに依拠したその後の研究者にも悪しき影響を与えることになったのである。後者は桑山政道による邦訳があるので、読者も比較的容易にこの書簡の全文を読むことができる。[*3] しかし、この公開予定とされた書簡そのものは、ボーリンが典拠をあげなかったこともあり、今日もその所在が不明なのか、シュッフェンハウアー版『フォイエルバッハ全集』の書簡集にも収録されていないので、今日では基礎史料として利用するには難がある。

（二）弟宛て書簡（史料②、③、④）の混同

フォイエルバッハが弟のフリッツ、つまりフリートリッヒ・フォイエルバッハに宛てた三通の書簡で、シュッフェンハウアー版全集第一八巻に収録されているものである。まずシュティルナーとその著作を評した「［一八四四年十一月］」[*4] と推定されるもの（書簡番号 459）を史料②、「十二月二日付」

（書簡番号460）を史料③、「十二月十三日付」（書簡番号463）を史料④とする。[*5]

（三）ヴィーガント宛て書簡（史料⑤、⑥、⑦）について

フォイエルバッハが、シュティルナーへの反論を掲載することになった『ヴィーガント四季報』の編集者オットー・ヴィーガント（一七九五―一八七〇年）に宛てた書簡のうち、シュティルナーと関わるものが三通ある。[*6]「一八四五年一月二十七日付」（書簡番号476）を史料⑤、「一八四五年二月二十五日付」（書簡番号481）を史料⑥、「一八四五年九月十六日付」（書簡番号504）を史料⑦とする。

以上の諸史料のうち「書簡をめぐる混乱」は、史料①が出典不明である以外に、史料②から④の取り扱いかたに関わっている。ボーリンにこの混乱の種があるのだが、次節では、まずボーリン自身が史料①を参照にして、シュティルナー・フォイエルバッハ論争についてどう評価していたかを紹介し、その後で彼の史料解釈の問題点を指摘する。

二　「公開予定」の書簡（史料①）について

先にのべたように史料①の典拠が不明のために、この史料の内容そのものから議論を積極的に展開することはできないが、どのようなものであったかを、桑山訳も参照にして紹介しておく（引用文中の〈　〉内の用語はシュティルナーの著作から採られたもの）。

〈言い表せない〉で〈比べるものなき〉愛すべき〈利己主義者〉よ！――そもそもあなたの著作のように、実際とくに私に対するあなたの判断は、まことに〈比べるものなき〉で〈唯一〉です。たしかに私は、たとえそれが独創的な判断であるにしても、この判断以前から予見していて、友人たちに対して、いずれキリスト教の〈熱狂的で熱烈な〉敵である私は誤解され、そのうえキリスト教の護教家たちに数え入れるだろうといってきましたが、このことがかくも早く今もう起って――はっきり言いますと――私を襲ったというわけです。これは、あなた自身と同じく〈唯一〉であり、〈比べるものなき〉事態です。いま私はまた、私自身ではなく私の影だけを捉える判断に反駁をする暇も楽しみをもっていませんので、私はやはり、〈唯一者〉に〈比べるものなきもの〉を横にどけておきます。[*7]

ボーリンは、この書簡を紹介するに先立って、シュティルナーの著作を「当時大きなセンセーションだった[*8]」と証言し、彼を「フランス大革命の先触れとして、文明に対する論駁[*9]」を行ったルソーになぞらえ、その「文明史的に深い意義[*10]」を評価している。彼のこの評価は、当時における精神史の三思潮との関連でこの著を位置づけたものである。三思潮とはつまり、第一に、世界を思惟する主観の表象あるいは被造物とした思弁哲学の世界観、第二に、世界を従順な玩具にしたロマン主義の詩的世界観、そして第三に、素晴らしい彼岸世界を描くことによって、多数の人々にとって現実世界の価値喪失をもたらした知的エリートによる信仰的世界観、以上三つの思潮である。そしてボーリンは、これらの思弁的・詩的・信仰的世界観が、一八四八年の三月革命前に危機的状況を迎えたので、それらの世界観を実践化する傾向が生じたというのである。[*11] このように彼は、シュティルナーの著作を当時の精神史的潮流に対するアンチテーゼとして位置づけたのである。

フォイエルバッハの忠実な弟子のボーリンが、シュティルナーに意外なほど高い文明史的意義を認めていることには、留意しておくべきであろう。しかし彼は、両者の論争そのものについて、当時未公刊の諸書簡にみられるフォイエルバッハのシュティルナー批判を取り上げて、最終的に次のように判定している。

シュティルナーの攻撃は、事実として取るに足らぬ一撃であり、フォイエルバッハの研究成果の真理には触れられず、それはびくともしないままだったので、フォイエルバッハは、それらの攻撃を当然そっとしておいてよかったのだ。[*12]

ただ彼のこの判断は、シュティルナーの著作に対する上述の文明史的意義と照らし合わせればどうなるのか、その関連づけがないままに行われており、『ヴィーガント四季報』第二巻（一八四五年）でのフォイエルバッハのシュティルナーへの反論や、それに対して同誌の次号に掲載されたシュティルナーからの再批判である「シュティルナー評論」（一八四五年）など、二人の間で交わされた論争資料を取り上げていない。彼は、その著作の副題が示すように、当時未公刊の書簡を紹介し、その内容に基づいたかぎりでの判定に終わっているのである。

ボーリンは、別の著作においては、フォイエルバッハのシュティルナーへの反論を取りあげている。彼は、フォイエルバッハが両者の間に「反神学的な共通点」があることを認めたと指摘しているが、シュティルナーの非難が「『キリスト教の本質』に固有の人間性の諸規定を誤解」しているといって、結局彼の異議申し立ては、「フォイエルバッハにとって、人間の本質に関する自分自身の思想をいっそうわかりやすく展開するきっかけにすぎない」と判定している。[*13]

史料①が今日では確認できず、また次節で論じるように、ボーリンが史料②から④を恣意的に引用加筆しているため、その後の研究史に大きな混乱が生じることになる。それだけに今日では、ここで紹介したそれ以外の書簡にみられる、フォイエルバッハのシュティルナーへの評価内容を客観的に明らかにすることによって、両者の論争を解明する必要があるというのが、筆者の見解である。

三　弟宛書簡（史料②、③、④）の混同

ボーリンは、上記の史料①以外にいくつかの書簡を紹介している。その一つは「一八四四年秋」の弟宛て書簡であるが、それは、一八四四年十一月と想定される史料②（書簡番号459）に、同年十二月二日付の史料③（書簡番号460）の内容の一部を潜り込ませたものである。[*14] また、同年十二月十三日付けの書簡も紹介されているが、それは同じ日付けの史料④（書簡番号463）に、同じく史料②の一部が付加されたものである。[*15] そして、マッケイもラヴィドヴィッツもこうした混同をそのまま引き継ぐことになった。[*16] ボーリンの過ちを正すために、これら四通の書簡を関連個所に限定して、ここに

全訳しておこう（なお引用文中の傍線部は引用者による）。

史料②、「フリードリッヒ・フォイエルバッハ宛、［一八四四年十一月］」（書簡番号459）

「私に敵だと告知している哲学者は、おそらく私がすでに読んだM・シュティルナーの『唯一者とその独自のありかた』と同じ哲学者でしょう、──それは極めて機知に富んだ天才的な作品で、そこで彼はとりわけ私たち人間学者たち、なかでも私とバウアーを論難し、私にはとくにすべての人間学者同様まだキリスト教に陥っていると非難しています、──つまり彼が前提しているのは、人間とは、我々にとって単に人間のなかに置かれた理想、思想、古い意味での神であって、彼岸のものでないだけになおさら悩ましいものなので、自分はそれに対して〈自己〉、〈唯一者〉、〈言い表されない者〉を置くのだということです。彼が適切に表現しているように、誰とも比較されないこの特定の個人が、彼自身の類、法則、規範ということです。〈利己〉、〈エゴイズム〉が彼の〈本質〉──彼はこの表現を特に攻撃するのですが──なのです。──利己的ではない愛なんぞ不合理で、私は主語の神を投げ捨てただけで、述語の〈聖なるものども〉、人倫の神聖性を存続させており、そんなものはまったく〈神聖〉ではないというのです。神聖とか宗教は〈束縛〉であり、私たちはみな相変わらず僧侶であり、〈高位聖職者〉だというのです。聖職者の位階制度は〈思想の支配〉だというのです。人間はとくに〈没思想で没精神〉にならなければならず、〈共同性〉は抽象的概念だなどなど。〈私が他の人間と自分を結びつけるのはただ、私の力を強めるためであり〉、〈私はただ私を欲し〉、私が〈一切のものの主であり〉、〈事物と人間なるものの主〉、つまり抽象的な人間なるものの主だというのです。あなたならそれが根本において私たちが望んでいることに他ならないことがわかるでしょう。私はひとつのことを除いて彼のいうことが正しいと認めます。彼は本質においては、私をついてはいないのです。あなたに今この本を送れないのが残念です。というのは私に対する彼の非難を明らかにするかもしれないからです。彼は私が知っている極めて天才的で自由な著作家です」[*17]。

史料③、「フリートリッヒ・フォイエルバッハ宛、十二月二日付」（書簡番号460）

「あの書物について書いたのですが、それはたしかに極めて機知に富んでいて、エゴイズムの真理をもっていますが、しかし極端に一面的で、偽りで固まっていて、それだけなのです。でもそれは天才的なエゴイズムですが、――それ以上のなにものでもありません。そして人間学に対する、とりわけ私に対する彼の非難は、まったくの愚かさ、軽率さ、あるいは虚栄心に基づいており、私の名前を借りて名をなそうとするのです。彼は、私たちがこの人間、個人ではなく、ただ人間なるものだけを愛していると思っているのです。――あなたが望むならすぐにこの著作を送りましょう」[*18]。

史料④、「フリートリッヒ・フォイエルバッハ宛、十二月十三日付」（書簡番号463）

「私がEに宛ててDについて書いたことは、突然思いついたことなのですよ。あなたは彼を受け入れなければいいのですが。〔1〕世間の口さがない人たちには、少なくともつかの間の勝利といった子供じみた悦びを任せておけばいいのです。そんなことに対して何がいえるでしょうか？　なにもいえません。ただ言葉をめぐって争えるだけです。〔2〕人から攻撃されて良いことは、自分の思想の発展を促してくれるということです。ですからたんに私の影に対して戦った〈唯一者〉でさえも、〔3〕私の『キリスト教の本質』についてのより多くの説明を書き下ろす機会を私に与えてくれたのです。しかし今のところ、私がそれを必ず印刷させるかどうかは未定です。〔4〕無理解な判断が私をいらだたせるのは、いつもただ最初の瞬間だけです。さらにそれは私にはどうでもよいことです。事柄、事実、基礎づけ、主題の展開に関してだけ、世間の人々に反論しなければなりません[*19]」。

（なお引用文中の〔　〕番号は、以下の説明のために引用者が便宜的につけたもの）

これらの弟宛の書簡をボーリンが紹介した「一八四四年秋」の弟宛て書簡と比べてみよう。すると後者では、史料②の前半冒頭の下線を引いた文章、「極めて機知に富んだ天才的な作品」から始まっているが、それに続く箇所[*20]、つまり、フォイエルバッハがシュティルナーの見解を整理している箇所が省かれている。その理由は、ボーリンがその書簡を取りあげる前に、数頁にわたってシュティルナーの思想を紹介していたので、重複を避けたからだと思われる[*21]。その代わりに彼は、史料③の文章――「エゴイズムの真理をもっていますが」から、「私の名前を借りて名をなそうとするのです。」までの文章のうち、下線部を引いた数カ所を省略して挿入している。そしてその後に改めて、史料②の後半部の文章、つまり「私はひとつのことを除いて彼のいうことが正しいと認めます」から最後までのうち、やはりまた同じく下線部を略して続けたのである。こうして史料の②と③が恣意的に組み合わされてできたのが、「一八四四年秋」の弟宛て書簡とされたものであった。

さらに、ボーリンが「一八四四年十二月十三日付」として紹介した書簡には、省略や順序の変更、出所不明の文章の挿入、資料②の加筆挿入がある。この日付の実際の史料④の該当箇所と比較すると、それが判明する。

筆者が史料④に便宜的につけた〔 〕内の番号を参考にしてもらいたい。ボーリンが紹介した書簡をここでも訳出しないが、以下の説明で推測できるだろう。その書簡では、史料④の下線部が省略されている。そして順序は、〔1〕からではなく〔2〕から始まり、その後に出所不明の文章――「それで私がまだ〈彼岸〉の暗闇をあちこち飛び回っている蝙蝠《こうもり》に属すると判断する〈唯一者〉は」――が挿入されている。[*22] そしてその後に〔3〕が配され、さらに史料③では省かれた文章の一部語句が省かれて、「彼の非難は、私の名前を借りて名をなそうとするかのようなある種の虚栄心を表している」と続けられている。その上で改めて〔1〕の文章が挿入されて、そして最後に〔4〕の文章が配置されている。こうして文字通りつぎはぎだらけの「一八四四年十二月十三日付」書簡となったのである。

ボーリンとヨードルによって編集された『フォイエルバッハ全集』も、フォイエルバッハの忠実な弟子として、その思想の意義を簡潔に知らせようとして、恣意的編集がなされたが、それと同じことがここでもおこなわれていたのだ。

四　この混同の影響

ボーリンに始まりマッケイとラヴィドヴィッツが継承したこの混同は、なにをもたらしたのか。筆者の考えでは、第一に、フォイエルバッハが『ヴィーガント四季報』でシュティルナーに対して反論するまでの経緯が曖昧《あいまい》になったこと、第二に、四つの書簡それぞれにシュティルナーに対する肯定的評価と批判的な否定的評価が見られるにもかかわらず、その相反する評価全体が反論に至る流れのなかで見定められず、とくに後者の側面よりも前者の肯定的評価に研究者が着目していくことになった。

たとえば、デビット・マクレラン（一九四〇年―）は、シュティルナーについて「論争しているすべての人のうちで最も有能で勇気がある」といったブルーノ・バウアー（一八〇九―一八八二年）や、「「自由人」のうちで明らかにシュティルナーが才能でも人柄でも言葉の力強さでも一番優れている」というエンゲルスの評価（「マルクス宛書簡」一八四四年十一月十九日付）と並べて、フォイエルバッハが「ある手紙」で「私がこれまで出会った極めて才能に恵まれた自由な著者」だとのべたと指摘している。[*23] 大沢正道もマクレランと同じ内容を、出典を示さずに紹介している。[*24] これらの指摘は、史料②の末尾の文章だと思われるので、「ある手紙」とは、「［一八四四年十一月］」付けの書簡（史料②）と考えられる。彼らの指摘の特徴は、その書簡において、フォイエルバッハが自分の見解に対するシュティルナーの主張を弟に対して列記したあとに、「彼は本質において、私をついていないのです」と批判している文脈を無視して、その肯定的評価とおもわれる文章だけを取り出しているのである。もっともこうしたことは、ボーリン以来の書簡の混同だけがもたらしたわけではなく、フォイエルバッハの人間観の抽象性を批判したマルクス（一八一八—一八八三年）などの影響や、マッケイによって復活したシュティルナー評価が、論争解釈史に強く影響して生じたバイアスの結果だともいえなくもない。

では、史料②③④がどのように、シュティルナーへの反論に至るフォイエルバッハの歩みを示しているのかを確認しよう。

史料②をみると、フォイエルバッハは、シュティルナーの『唯一者とその独自のありかた』が発表されてすぐに読んだのか、翌月の十一月に、弟のフリートリッヒに宛てて、この著作と著者についての評価や批判などを伝えている。ボーリンは省略したが、この史料②の後半部にある「あなたに今この本を送れないのが残念です」に続く文章、つまり「私に対する彼の非難を明らかにするかもしれない」というのは、フォイエルバッハがこの著作を本格的に読んでおり、それをしばらく手元におく必要を認めていたことを示している。また、この省略部分から判断すると、弟の方から事前にこの著作についての話があったことも推測できる。この兄弟のやりとりは、フォイエルバッハから強い影響を受けた弟子のボーリンが、この著について「当時大きなセンセーションだった」といっていたように、またのちに廣松渉（一九三三—一九九四年）が同じように、「センセーショナルであり、少なくともヘーゲル左派の面々には強烈なショックを与えるに足るものであった」[*25]と評したように、シュティルナーのこの著作が、一八四八年三月革命に向かう当時、フォイエルバッハ兄弟を含め、ヘーゲル左派を含む思想界において評判になっていたという事実をうかがわせてくれる。

フォイエルバッハは史料②で、「あなたならそれが根本において私たちが望んでいることに他ならないことがわかるでしょう。私はひとつのことを除いて彼のいうことが正しいと認めます」と語っていた。ここでの「それ」とか「ひとつのこと」というのは、その前にある「私」が「つまり抽象的な人間なるものの主だということ」を指している。詳しくは次章で論じるが、彼にとっては、「私」が共同存在としての人間であり、そうである以上、その共同性の連関から切り離された人間は抽象的存在だからである。しかしシュティルナーはそう考えず、フォイエルバッハのいう人間が抽象的だと批判したのである。だから、この史料②では、「彼のいうことが正しいと認めています」といいながら、「彼は本質においては、私をついてはいないのです[26]」という抑えた表現の批判をしていたのである。しかしその控えめな批判とは異なり、史料③では、シュティルナーのいうエゴイズムが「極端に一面的で、偽りで固まっていて、それだけ」であるとか、「まったくの愚かさ、軽率さ、あるいは自惚れに基づいており、私の名前を借りて名をなそうとする」という、温厚なフォイエルバッハ[27]には珍しく、激しい言葉を使ったシュティルナー批判となっている。そしてこの史料③では、「あの書物について書いたのですが」といって、史料②においてシュティルナーの著作をまだ送れないとしていたのと違って、弟に対して「あなたが望むならすぐにこの著作を送りましょう」と伝えていたのである。この変化からは、シュティルナーへの反論に必要な準備ができていて、もうシュティルナーの著作を参照する必要もなくなったと推測できる。

フォイエルバッハは、「一八四四年十二月十三日」付けのフリッツ宛書簡（史料④）の冒頭で、ダウマー（一八〇〇―一八七五年）について言及している。第六節で論じることとするが、書簡をめぐる混乱のひとつに、ダウマーについて言及した文章が、シュティルナーについてのものだと誤解されたことがあるので、この史料に先行する弟宛の別の書簡、つまり「一八四四年十二月八日付」書簡（書簡番号461）をさきに検討する。

その書簡でフォイエルバッハは、ダウマーが『現在の人間学主義と批判主義』（一八四四年）で自分を批判していることに対して、「ダウマーの悪名高い告発を読みました」と弟に知らせている。そしてダウマーの批判に対して、「それは私の「キリスト教の本質」に長いあいだ我慢した復讐、虚栄心に他ありません」と、その動機の不純さを指摘し、そのような主張に対して「なにをしたらよいのでしょうか？」と、反論する必要さえも認めず、自分は「この冬『キリスト教の本質』を基礎づけるためにぜひとも必要な点、つまり自然と取り組むつもり」だと語っていたのである。[*28]

この書簡との関連で、史料④（「十二月十三日付」の同じくフリッツ宛書簡）の冒頭の、「私がEに宛ててDについて書いた」という文章にある文字Dが、ダウマーの頭文字であることについて理解する必要がある。フォイエルバッハは、そこでも彼を揶揄《やゆ》し、「子供じみた悦び」云々の文章のあとにあるように、「そんなことに対して何がいえるでしょうか？　なにもいえません」と、先のフリッツ宛の「十二月八日付」書簡と同様の言葉で、反論は控えているのである。そしてそのあとで初めて、ダウマーからシュティルナーに話を転じて、「私の影に対して戦った唯一者でさえ、私の「キリスト教の本質」に関する多くの説明を書き下ろす機会を私にくれたのです」といったのである。ところがダウマーについて書かれた史料④のこの冒頭部分は、前節の末尾で紹介したボーリンのいう「十二月十三日付」書簡では省かれたために、ダウマーとの関連が読みとれなくなり、ダウマーについての言明が、シュティルナーへの言明として誤って理解されたのである。

こうした弟フリッツとの一連の書簡からわかることは、「唯一者でさえ」といわれているように、ダウマーだけでなくシュティルナーからの批判も、フォイエルバッハの主要な関心を『キリスト教の本質』について、自然の問題を含めて「多くの説明を書き下ろす」ことに向かわせたということである。

また史料③と史料④を比べると、後者にはボーリンが示した公開予定の書簡（史料①）にもあった「私の影」と戦っている唯一者といったシュティルナーを揶揄する表現はあるが、前者にあるような「まったくの愚かさ、軽率さ、あるいは虚栄心に基づいて」といった激高した感情の発露はみられない。そうしたことは世間の人々に任せ、自分はただ『キリスト教の本質』の思想を展開するのだという学問的関心だけが冷静に述べられていることが読み取れる。

ここで取り上げた資料②③④の弟宛て書簡は、シュティルナーに対する反論成立の経緯を示している。これまでの分析を要約すると、次のようになる。フォイエルバッハは、一八四四年十一月と推定される弟のフリッツ（フリートリッヒ）宛ての書簡（史料②）で、シュティルナーに反論するために彼の著書を送れないといっていたが、同年「十二月二日付書簡」（史料③）では、望むならすぐに送ると弟に伝えていたし、反論も書いたといっているので、四四年末にはシュティルナーへの反論は基本的にできていたものと推定される。そしてその反論文は、「シュティルナーの『唯一者とその独自のありかた』に関わる『キリスト教の本質』について」と題されて、『ヴィーガント四季報』第二巻（一八四五年）に発表された。そしてその年には自然宗教を論じた「宗教の本質」が『エピゴーネン』第一巻（一八四六年）で公表され、同じく四五年に執筆された「「宗教の本質」に対する諸補足と諸説明」が、「宗教の本質」とあわせて、同じく翌年四六年にフォイエルバッハ版全集の第一巻に収録されたのである。

こうしてみると、シュティルナーへの反論への取り組みと、弟のフリッツ（フリートリッヒ）宛て書簡の些細《ささい》な変化から、シュティルナーへの反論が、『キリスト教の本質』での彼の人間観の基礎である自然の観点から、自然宗教の問題として展開されていくという流れがみえてくる。こうしたことから明らかになったことは、書簡をめぐるボーリン以来の混同を史料的に正すことを踏まえて、エゴイズム問題をめぐるシュティルナーとフォイエルバッハの論争を考察することが求められているということである。

五　ヴィーガント宛書簡（史料⑤、⑥、⑦）について

前節での主張は、『ヴィーガント四季報』編集者のオットー・ヴィーガントに宛てた三通の書簡（史料⑤⑥⑦）からも傍証される。一八四五年にフォイエルバッハは自分が編集した一〇巻本全集の出版契約を、ライプチッヒのオットー・ヴィーガント出版社と結んだ。その第一巻が発行されるのは翌年の一八四六年で、最終第一〇巻が一八六六年になる。出版契約が交わされる時期のこれらの書簡の内容からも、いよいよシュティルナーへの反論が仕上がったことが示される。

ヴィーガントに宛てた「一八四五年一月二十七日付」（書簡番号476）の書簡、つまり史料⑤の最終段落冒頭は、「最近、私に反対する人々が登場してきています」という書き出しで始まっている。そ

して段落後半では、次のようにいわれている。

これらの攻撃は、私には勝利の愉快な感情を起こさせる以外のいかなる結果ももちません。それらはまったく取るに足らぬ一撃です。これには〈唯一者〉さえも悪態をつきましたが、それほど彼は機知に富んでいます。それはほとんど私には、まるで彼がわざと私を理解しないようにしたと思われます。この攻撃がきっかけとなり、私はいくつか思うところをしたためましたので、あなたの『四季報』に送りたいと思います。*29

「取るに足らぬ一撃」という表現は、本章の第二節で紹介したが、ボーリンがシュティルナーとフォイエルバッハの論争を最終的に評価したときに使われていた表現と一致している。*30 また内容的には、「一八四四年十二月八日付」の弟宛の書簡（書簡番号461）や史料④でいわれた「きっかけ」を与えてくれたという趣旨がくりかえされている。

同じく「一八四五年二月二十五日付」（書簡番号481）、つまり史料⑥にもシュティルナーへの反論への言及がある。「私が貴方にあげられる唯一のものは、それはそれで私にとって非常に楽しく〈唯一者〉を読んで、私の『キリスト教の本質』についてざっと書いた諸思想です*31」という一文がそれである。史料⑤や⑥でいわれているヴィーガントに送った原稿は、先の「十二月二日付」のフリッツ宛書簡で、書いたといっていた書簡であり、『ヴィーガント四季報』に発表されることになるシュティルナーへの反論を指している。

また最後の「一八四五年九月十六日付」（書簡番号504）の書簡（史料⑦）では、全集版に収録される反論文について次のように語られている。フォイエルバッハは、出版契約の契約条項や見本刷りについての意見をのべたあと、「シュティルナーに関する数頁も収録された評論や著作」を早く手にしたいと、[*32]一〇巻本のフォイエルバッハ全集の第一巻を催促している。それは翌年の一八四六年に、シュティルナーへの反論文を含んで「キリスト教の本質に対する諸解明と諸補遺」と題され、ヴィーガント出版から出されるものであった。史料⑦のこの文面からは、これまで検討してきた書簡にみられるシュティルナーへの反論への加筆作業がすでに終了し、あとはその印刷の仕上がりを待つだけということがわかる。

フォイエルバッハに対する「シュティルナー・ショック[*33]」がしばしば語られるが、これまで取り上げた史料②③④と同じく、史料⑤や⑥にみられるシュティルナーに対するフォイエルバッハの態度は、その衝撃が実際どの程度のものであったのかを、推定する参考になるといえよう。シュティルナーがフォイエルバッハに与えた影響を測る場合、『キリスト教の本質』に対して神学者から提出された批判に対する、彼の反論と比べてみるのも参考になる。

神学者からの批判というのは、『キリスト教の本質』に対するハレ大学のプロテスタント神学教授ユリウス・ミューラー（一八〇一－一八七八年）からの批判である。ミューラーはフォイエルバッハの主観主義的な宗教理解と自然主義を批判するとともに、フォイエルバッハが神学を人間学に還元するときに、カソリックやプロテスタントの神学者からの一面的な引用や、中世の神秘主義的文献に基づいていることを批判したものである。[*34]そのため、フォイエルバッハは「私の著作「キリスト教の本質」について「神学研究と批判」（一八四二年度第一号）に含まれる評論の解明」（『独仏年誌』一七―二二号、一八四二年一月）で反論を行っただけでなく、ミューラーからの批判をきっかけとして、本格的にルッター研究を行い、その成果を取り入れた増補版である『キリスト教の本質』第二版を一八四三年に出版した。さらにまたそれだけにとどまらず、感性主義の立場をはっきりと自覚した「ルッターの意味での信仰の本質、「キリスト教の本質」への一寄与」（一八四四年）を出版している。[*35]ミューラーからの批判を文字通りきっかけとして行われた、フォイエルバッハの反論は、プロテスタント神学者と神学を人間学に還元する者との対立を、際立たせるだけにとどまらず、それはフォイエルバッハを集中したルッター研究に向かわせ、感性的人間観を彫塑させる転機になったのである。

それに比べると、シュティルナーからの批判に対して、フォイエルバッハは反論文を発表しただけにとどまり、自分の将来哲学の構想を変更することはなく、再びシュティルナーを取り上げることもなかった。もちろん「ショック」の大きさを主張する論者からは、フォイエルバッハが、シュティルナーへの反論文を全集版第一巻（一八四六年）に採録するにあたって加筆した部分に、類概念の抽象性を認めた箇所があることや、『宗教の本質』（一八四六年）に『キリスト教の本質』にみられない自己愛としての「エゴイズム」が承認されていることなどが指摘されている。[*36]当然その検討が必要になるが、それは次章で改めて議論することとし、ここでは最後に、従来の研究文献において、この章で紹介した書簡がどのように取り上げられてきたのかを振り返る。

六　研究文献にみられる書簡の理解

史料②③④の三通の弟宛書簡をめぐって、ボーリンから始まり、マッケイやラヴィドヴィッツにそのまま継承された混同は、大なり小なり今日までの研究文献にもみられる。そのいくつかをあげておこう。古いものでは、大庭健の研究がある。彼は「共同存在における主体性と時間性――フォイエルバッハ・シュティルナー論争の意義」（一九七七年）において、フォイエルバッハが「シュティルナーの批判を当初から全面的に斥けたわけではない」として、史料②「一八四四年十一月」（書簡番号459）と史料③「一八四四年十二月二日付け」（書簡番号460）のそれぞれの一部を結びつけ、シュティルナーに対する肯定的評価だけを取りだしている。またそれに続いて、別の資料として「一八四四年十二月」の書簡をあげて、「私の名を使って自分を売り込もうとするが如きハッタリ」というその一文を紹介し、フォイエルバッハがシュティルナーに「釘をさす必要を認めた」としているが、これは、先の史料③にある一文なのである。大庭がその出典としてラヴィドヴィッツの著作を示しているように、ボーリン以来の過ちを継承していることになる。*37

また廣松渉は、『ヘーゲル左派論叢』第一巻の「解説」で、「彼の攻撃は、私の名前の犠牲の上に名をなそうとするもの」という一文を紹介し、フォイエルバッハがシュティルナーへの「不快感を表明」したと語っている。彼はこれを「一八四四年十二月十三日付」の弟宛の手紙としているが、しかしこの一文は、すでに紹介したように、翻訳故の表現の違いがあるにしても、史料③の「十二月二日付」の書簡である。[38] 廣松のこのあまりにも安易な誤解は、彼がフォイエルバッハの反論を紹介するさいに、「滝口清栄氏の文章をそのまま拝用させて頂く」として、そっくり滝口の所説をなぞって解説したことに原因があるので、滝口の見解自体を検討することが求められる。

その当の滝口は、『マックス・シュティルナーとヘーゲル左派』第四章「M・シュティルナーにおける唯一者と連合の構想」において、同じく史料④の書簡を引用しているが、その内容は、上記の史料②と史料③の一部をくっつけたもので、肝心の「一八四四年十二月十三日付」の書簡、つまり史料④の文章は一つも含まれていないのである。[39] また同書の第五章「L・フォイエルバッハの思想的転回とシュティルナー」の「二、フォイエルバッハの思想的転回――一八四五―四六年」でも史料④が取り上げられているが、その内容にも、「少なくとも一時の勝利といった子供じみた悦びは世間に残してやらなければいけません」という文章に、史料③の「私の名前を借りて名をなそうとする」云々の文章が引っつけられているのである。しかも、この史料④の「少なくとも」云々の文章は、本章第四節で指摘したように、[40] シュティルナーに対する批判ではなく、書簡冒頭でその頭文字をとって「D」とされているダウマーに対するものなのである。ところが、元となったボーリンが紹介した「一八四四年十二月十三日付」の書簡なるものは、ダウマーに言及した史料④の冒頭部分が省かれていたために、それが読み取れなくなっていたのである。

こうした誤りの箇所が含まれる滝口の著作第四章のもととなった初出論文は、一九八二年に発表されたもので、廣松渉が「そのまま拝用」したものである。したがってこれらの諸研究はいずれも、シュッフェンハウアー版全集の書簡集第二巻が一九八八年に発行される以前のものであり、こうした間違いは、ボーリンやラヴィドヴィッツの先駆的ではあるが古い研究に依拠せざるをえなかった時代の制約だといえないことはない。しかし、ボーリンやヨードルなどのフォイエルバッハ主義者などの研究や、彼らが編集したフォイエルバッハ全集の恣意性が、すでに一九七〇年前後には問題となっていたことはさておいても、この初出論文を収録した滝口の著作の出版が二〇〇九年であることからすれば、一九八九年に発表された第五章での論述も含め、残念だが、慎重な史料批判による見直しが必要であったといわざるをえない。

一九八八年以後にボーリンに依拠して議論を組み立てた他の論者に、ステペレヴィッチがいる。彼も「フォイエルバッハ対シュティルナー」（一九九〇年）において、シュティルナーとフォイエルバッハの論争を、前者の側を評価する立場から議論し、後者の人間学とそれに基づいた人間性の理想が、前者の批判によって「永遠に不条理」なることが示されたと結論づけている。その判断の是非は問わないにしても、やはり書簡の取り扱いが旧態依然なのである。彼は一八四四年十二月始めの書簡を引用しているが、それは、十一月と推定された書簡番号459（史料②）の初めの部分と終わりの部分の間に、「一八四四年十二月二日付」（書簡番号460）の史料③を挟んだもので、本章の第三節冒頭で紹介したように、ボーリンが「一八四四年秋」の書簡としたものである。また、「十二月十三日」の書簡として引用されたものも、同じくボーリンを典拠としているので、「一八四四年十二月二日付」（書簡番号461）の内容が、十三日付（書簡番号463）にくっつけられたものである。[*41]

七　まとめ

本章で取り上げたフォイエルバッハの弟宛て書簡にみられるシュティルナーについての発言は、そのいずれの書簡においても全体としては、シュティルナーへの批判が強いものであった。控えめに見積もっても、否定的評価のなかに肯定的評価とみえる文章が含まれたものといえる。改めて整理しておこう。

シュティルナーへのいくつかの肯定的と思われるもの、たとえば史料②の「極めて機知に富んだ天才的な作品」とか「ひとつのことを除いて彼のいうことが正しい」にしても、あるいは史料③の「エゴイズムの真理をもっている」とか「それは天才的なエゴイズムです」にしても、批判的な発言によって制限され、いわば褒め殺しにされているのである。たとえば、史料②の「彼は本質においては、私をついていいない」とか、史料③の、シュティルナーが「単に私の影に対して戦っている唯一者」であるとか、そのエゴイズムが「極端に一面的で、偽りで固まっていて、それだけ」だという発言や「まったくの愚かさ、軽率さ、あるいは自惚れに基づいており、私の名前を借りて名をなそうとする」ものだという発言、また史料④の「「唯一者」がただ私の影に対して戦った」という発言などによって限定され、揶揄されているのである。従来の研究者の見解は、ボーリンによる恣意的な史料提供に淵源《えんげん》をもった不十分な理解に基づいて、そこからシュティルナーへの肯定的と思われる言及を重点的に引き出して、彼とフォイエルバッハの論争史を組み立てたにすぎないといえる。

筆者はこの章で些細《ささい》な史料批判にこだわったかもしれない。思想史研究者は、その思想家の現代的な積極的意味を掘り出して強調するという傾向があるので、シュティルナー・フォイエルバッハ論争の解釈史において、フォイエルバッハ哲学を擁護する研究者にもその傾向がなくはない。またシュティルナー・ショックの大きさを強調する研究者は、シュティルナーの書簡などが少ないために、やむをえずフォイエルバッハの書簡からシュティルナー思想の意義を強調せざるをえなかったのかもしれない。しかしそれだけになおのこと、両者の論争解明に必要な史料である一連のフォイエルバッハの書簡について、冷静な分析が求められることになる。そのためにこの章では、これらの書簡の混同についてボーリンにその最大の責があることを示しながら、それらの書簡を区別することにより、シュティルナーに反論するまでのフォイエルバッハの歩みを辿《たど》ることができた。彼が『キリスト教の本質』で表明した思想をさらに展開するために、自然への関心をいっそう強めながらシュティルナーへの反論を進めたことが明らかになったのである。

第三章　類概念と対象的存在の論理
――シュティルナー・フォイエルバッハ論争の考察

一　「シュティルナー・ショック」をめぐって

一人の哲学者にとって、他の哲学者の思想が「ショック」な出来事となるのはどういう場合だろうか。哲学史においてそうした出来事が語られる典型的な事例は、カント（一七二四―一八〇四年）とヒューム（一七一一―一七七六年）の関係において見出される。因果律による認識がこれまでの経験からの類推に基づく蓋然的なものであり、その蓋然的な法則が成立するためには、自然が常に同じであるという自然の斉一性を前提にすると主張したヒュームの懐疑論によって、カントは独断の夢から醒まされたのである。なぜなら、それまでのカントにとって、宇宙の成立・発展・死滅・再生を貫く力学的自然法則の必然性は、なによりも神の叡智の証しだったたからだ。自然法則の蓋然性は彼の主張を覆したのだ。ヒューム・ショックがきっかけとなって、独断的形而上学から批判哲学へのカントの転回が生じたのである。

シュティルナーは、『唯一者とその独自のありかた』でフォイエルバッハやブルーノ・バウアーを批判した。それに対してフォイエルバッハは、「『唯一者とその独自のありかた』に対する関係における「キリスト教の本質」」（一八四五年）で反論し、バウアーも同年に、「ルートヴィッヒ・フォイエルバッハの特質」で、一方では、フォイエルバッハがいう人間の本質としての類概念を「絶対者と同じ変容の天国」ではないか、「新しい神」ではないかと、シュティルナーと同様の批判をしながら、他方では、シュティルナーとフォイエルバッハの論争も取り上げて、普遍的な自己意識の立場から、シュティルナーの唯一者が「極めて抽象的な抽象性に至った実体」として、その抽象性をフォイエルバッハ同様に批判している。*1

シュティルナーの著作に対するこうした反論や批判だけでなく、マルクスが草稿『ドイツ・イデオロギー』（一八四五―六年）の「聖マックス」章において、シュティルナーの著作以上の分量でシュティルナーの著作の一言一句を取り上げて、逐一執拗な批判をしたことなども考慮にいれると、シュティルナーがヘーゲル左派内に大きな波紋を投げかけた事実は否めない。それが「シュティルナー・ショック」といわれるものである。ではフォイエルバッハにとって、それはヒュームがカントに与えたような、思考の枠組みを大きく変えるようなショックだったのだろうか。

フォイエルバッハは、論争以前の「哲学改革のための暫定的諸命題」（一八四三年）において、神学とヘーゲルに代表される思弁的哲学とを、感性的人間の立場から批判した。その人間とは、「自然の自己意識的本質、歴史の本質、国家の本質、宗教の本質として存在し、自分をそうであると知っている人間」*2とされていた。また『将来哲学の根本諸命題』（一八四三年）では、近代哲学の課題が神学を人間学に転化し解消することであるという認識のもとで、「新しい哲学は、人間の基礎としての自然を含んだ人間を、哲学の唯一の普遍的で最高の対象にする――したがって自然学を含んだ人間学を普遍学とする」と宣言していた。[*3] これらの著作が、シュティルナーとの論争後、フォイエルバッハ自身が編集した『フォイエルバッハ全集』第二巻（一八四六年）に収録されたとき、内容的に大きな変更はなく、新しい哲学の立場には変更がなかったのである。このことは、シュティルナーの批判が人間学という彼の思考の枠組みに大きな影響を与えていなかったことを示している。

L・ジョンストンは、シュティルナーの批判について、「フォイエルバッハは心を動かされなかったわけではない」とし、一八四五年以後に「類ということばをしだいにまれにしか使っていないこと」と、「ますますエゴイズムを区別して取り扱うようになったこと」とをあげて、フォイエルバッハに変化があったことを認めている。しかし、それらは「《文体上》の変化」に過ぎないと結論づけている。[*4] 他方、「シュティルナー・ショック」を主張する滝口清栄は、シュティルナーの批判によって、フォイエルバッハがその類概念の抽象性を認め、またエゴイズムの概念を受容していったと主張している。[*5] もしその指摘が妥当するとすれば、新しい哲学としての人間学の立場は、大きく変容していたことになるが、さきにのべたようにそうした変更はみられない。

その内容的検討はさきに延ばすにしても、こうした相反する主張を吟味するためには、次の二人が主張するように、少なくとも『キリスト教の本質』から「シュティルナー・ショック」に至るまでのフォイエルバッハの思想形成を振り返る必要がある。たとえば津田雅夫は、フォイエルバッハが、自分の類概念をシュティルナーからの批判からだけではなく、ヴァイトリンク（一八〇八―一八七一）の『調和と自由の保障』（一八四二年）にみられる「人間の共同性」についての考えからも影響されながら、以前からもっていたその類概念を彫琢《ちょうたく》していき、欲求概念による「類的かつ現実的な諸個人を構想」していったと解釈している。[*6] また河上睦子は、滝口の議論を取り上げながら、「エゴイズムの受容」についてのみシュティルナーの影響を認めているが、それはフォイエルバッハに「下地」があってこそだと考え、『キリスト教の本質』以後の、その思想の内在的発展に留意すべきことを強調している。[*7]

エゴイズム概念の受容と、共同的な類的諸個人の立場をどう理解すればよいのだろうか。シュティルナーとフォイエルバッハの二人の立場の相違を対比するだけなら、たしかに森政稔がいうように、後者のそれを「類のエゴイズム」とし、前者のそれを「個のエゴイズム」と表現することも可能である。しかしその場合でも、森は、フォイエルバッハが「類のエゴイズム」を、『宗教の本質』（一八四五年）と『宗教の本質にかんする講演』（一八五一年）で展開した自然に対する人間の依存感情に着目して議論を進め、類としての人間が自己自身の生存を図るという自己保存欲から「類のエゴイズム」を引き出している。[*8] また、エゴイズム概念の受容を強調する滝口清栄も、シュティルナー・ショックによってフォイエルバッハが類概念の抽象性を認めて思想的に転回し、エゴイズムの立場を取りいれたと主張するさいに、森と同じように、シュティルナーからのフォイエルバッハ批判以降のこうした諸著作に依拠していた。[*9]

しかしそれらの著作に基づく論証は、シュティルナーの『唯一者とその独自のありかた』以後のものだから、シュティルナーの著作以前に、フォイエルバッハがすでにこの類の立場を形成していたことを過小評価することになる。シュティルナーから批判される以前の彼の歩みを重視する限り、筆者は、河上睦子の見解に基本的に同意する。河上によれば、フォイエルバッハは『キリスト教の本質』

で「キリスト教における自然の位置づけを批判」したのち、「人間と自然との関係」や「人間の自然」を問題としていき、そうした彼の内在的な思想的発展が、エゴイズムに対する「肯定的な見解」を生みだし、それを受容する「下地」となったとするものである。[*10]

ただ河上の解釈について、筆者は次の二点を指摘したい。第一点は、河上がフォイエルバッハにシュティルナーの影響を認めているかぎり、筆者とはやや見解を異にする。なぜなら筆者自身は、これまでの諸論稿において、フォイエルバッハがシュティルナーを評価したとか、類概念の抽象性を認めたといった解釈が、不適切な史料批判に基づいたことによる誤解であると論証したし、また『キリスト教の本質』での類概念が抽象的であるという従来の判断が、フォイエルバッハの類概念を、対象的存在としての人間の振る舞いから切り離していると批判してきたからである。[*11] これまで論究したような類概念のこうした理解にもとづいて、フォイエルバッハが取り入れたエゴイズム概念を位置づけし直すことが必要だと、筆者は考えている。

第二点は、フォイエルバッハが、河上によって強調されたような「キリスト教における自然の位置づけを批判」し、「人間と自然との関係」や「人間の自然」を問題としたのは、教授資格申請論文（一八二八年）以来の若きフォイエルバッハの思想的発展にすでにみられるものだということである。だとすると、フォイエルバッハがシュティルナー的エゴイズム概念を換骨奪胎して類の立場に取り入れる「下地」となったのは、河上がいうように『キリスト教の本質』以後のフォイエルバッハの発展ではなく、はるかそれ以前の彼の思想形成そのものが「下地」となっていたという点である。

以前に拙著ですでに詳論したので、ここではその結論だけを紹介するにとどめるが、若きフォイエルバッハは、世界と自我の断念を主張して、人間のエゴイズムの空しさを批判したカール・ダウプ（一七六五―一八三六年）の思弁的教義学や、デカルト（一五九六―一六五〇年）の思惟する自我の主観性を批判したヘーゲルの普遍的な絶対的精神の立場から影響を受けて、浪漫的な汎神論的自然哲学の土壌で、自然と人間の本質としての理性概念を展開していた。そしてそこから自然を軽視ないし無視して、人間の自己中心的な神理解を展開した近代神学や、思惟する自我を哲学の始元とする近代哲学の主観主義を批判していたのである。[*12] もちろん当時にはエゴイズムという概念こそ使用されていないが、理性を本質とする自然の立場からの、ダウプとヘーゲルの二人から強い影響を受けていた若きフォイエルバッハの主観主義批判それ自身が、エゴイズム概念を受容する、正確にいえばそれを批判的に「受容」する「下地」となっていたと考えられる。

『キリスト教の本質』の最終章冒頭の原註にもその証拠はある。そこでは人間が自然の本質に属すると同時に、自然が人間の本質に属するというこの著作の結論が繰り返されているが、そのとき、次のようにいわれているのだ。すなわち彼は、その結論が「絶対的哲学の秘密である主観的観念論に反対である」ということともに、「人間を自然と結合することによってだけキリスト教の超自然主義的なエゴイズムを超克することができる」と語っていて、[*13] 教授資格申請論文以来の主観主義批判を、当然のこととしてエゴイズム批判の文脈で捉えているのである。したがって、シュティルナーとの出会いによって生じたといわれるエゴイズム概念の受容は批判的受容であり、こうした主観主義批判の枠組みの中で行われていることになる。

この章での課題は、フォイエルバッハ自身の内在的な思想形成を視野に入れるべきだという河上や津田の指摘も参考にしながら、前章で残しておいた課題、つまり、シュティルナー・フォイエルバッハ論争の中心問題である類概念を、エゴイズム＝主観主義批判として解明することにある。その場合筆者は、本章の表題が示すように『キリスト教の本質』での類概念を対象的存在の論理との関係で検討することにより、これまでの論争解釈史の不十分さを克服したい。

二　シュティルナーによる類概念批判

シュティルナーは、フォイエルバッハが神の本質を人間の類的本質に還元したことに対して、それは、キリスト教における彼岸的な神概念が此岸的な抽象的人間的本質になっただけだと批判した。*14「古い宗教の蛇の抜け殻をやっとのことで脱ぎ捨てたのに、一つの宗教的な蛇の抜け殻をふたたびまとったのだ」*15と、神についてこれまで語られてきた述語が、人間の述語に代わっただけだと鋭く指摘し、人間の本質としての類概念が批判対象であるキリスト教に依然として纏《まと》わりつかれていると批判したのである。

フォイエルバッハは、「哲学改革のための暫定的諸命題」において思弁哲学批判の方法について、宗教哲学批判の方法と同じく、その主語と述語の関係を逆転させて、その述語を原理とすればよいとしていた。*16この主述転倒の方法は、『キリスト教の本質』で、神についての諸規定を人間自身の本質についての諸規定として、いわば人間学的に還元する方法として展開されたものである。シュティルナーは、その批判の矛先をこのフォイエルバッハ的批判の方法そのものに向けていたことになる。

せっかく古いキリスト教から脱皮したのに、またその古い「抜け殻」を着込んだというわけだ。「私たちはたとえばもはや「神は愛である」とはいわず、「愛は神的である」というのがフォイエルバッハだと批判するのだ。愛が「人間における善なるもの」、「人間の真実の人間性」、「人間における人間的なもの」として再び神聖な衣を纏ってしまうというのである。[17]

しかし、フォイエルバッハ自身は、類概念が抽象的だとは考えていなかった。『キリスト教の本質』の「信仰と愛の矛盾」と題された章（一八四三年の第二版、四九年の第三版の第二七章）の末尾で「類はなんら抽象〔第三版「単なる思想」――引用者〕ではなく、愛の感情のなかに、心意のなかに、エネルギーのなかに現存している」[18]と語っている。この主張をどう解釈すればよいのだろうか。類概念を抽象的と批判する立場からすれば、この著の序論冒頭章「人間一般の本質」（第二、三版の第一章）において、人間の本質を構成する類は「人間における本来の人間性」、つまり「理性、意志、心情」からなり、「心情の力」こそが愛だとされていたが、[19]その主張が、信仰に対立する愛の立場を強調する形で、この末尾の章でも確認されているということになるので、ではどうして抽象的ではないといわれるのか、それを問い直す必要がある。

すでに示唆したことだが、冒頭章の類という人間の本質に関する叙述を、冒頭章後半の対象的存在の論理との関連で考察しさえすれば、また違った景色が見えてくる。フォイエルバッハは、類あるいは人間の本質について「個々の人間を超えて人間の中にある」と語り、その働きが人間を人間として「構成する諸力」だとしている。[20]類概念あるいは本質概念が、個々の人間を「超えて」あるとともに「中に」ある、つまり超越的かつ内在的ということをどう理解したらよいのか、ということが問題となる。この事態を冒頭章前半だけに固執して解釈すれば、従来そう理解されてきたように、理性と意志と心情とは人間の三つの基本的能力であり、また個々の人間の理性や意志や心情が有限であるのに対して、類概念の超越性は、類としての人間の本質が無限であるという意味になってくる。しかし、理性や意志や心情を対象的存在の論理から理解すれば、それらの類概念は、一方では、主観の単に内面的な心理的能力でもなく、また個としての主観を超越したものでもなく、むしろ個としての人間的現存在が対象に対して振る舞うという、その営みにおいて成立する客観的で内在的な能力であるということになる。そして他方では、人間の本質としての類概念の超越性は、有限的人間存在の振る舞いにおいて限定的に定立される概念であるとともに、その振る舞いにおいてたえず漸進的に内在化される対象が、内在化されつくされずに超越的なものとして現出し続けるという、対象の超越性にも関わる概念だといえる。私見によれば、類概念は、対象に対して振る舞う有限な人間的現存在にとって超越的かつ内在的であるとともに、対象の超越性と内在性とを相即的に現出させる概念なのである。

類概念についての従来の説明や批判は、本著の「はじめに」の註12で指摘したように、類が抽象ではないことを論じた『死と不死の諸思想』との関連を論じることもなく、『キリスト教の本質』での対象的存在の論理から類概念を論じることもしなかった。つまり、後者に限定していえば、冒頭章全体を問題とせずに、この冒頭章の前半部分だけに依拠して行われてきたのであり、対象的存在について論じられることがあっても、それを類概念の具体的把握に結びつけることが疎《おろそ》かにされてきたのである。シュティルナーが、『キリスト教の本質』第二版と「哲学改革のための暫定的諸命題」や『将来哲学の諸根本命題』を使って、この前半部分だけを切り取って、それに対する批判を展開したのがその典型である。

三　類概念と対象的存在の論理

では先にみたように、冒頭章後半で展開されている対象的存在の論理を視野に入れて、類概念を超越的な対象との関連でみると具体的にどうなるだろうか。筆者は、対象的存在の論理について既に冒頭章後半でのべられている諸テーゼを示したことがある。それらは、第一が「人間は対象なしにはなにものでもない」、第二が「主体が本質的に関係する対象は、この主体自身の、しかも対象的な本質である」、第三が「対象の意識は人間の自己意識である」、第四が「人間に対する対象の力は人間自身の本質の力である」、これらの諸テーゼである。*21

類概念が対象的存在の論理と不可分の存在論的概念であるということを分かりやすく考えるために、対象的存在の論理を示す上記の第一テーゼにある「対象」を「自然」に置き換え、「人間は自然なしにはなにものでもない」というテーゼについて考えよう。これは、人間が自然を基礎とする存在であり、人間学が自然学を含んでいるという一八四三年の「哲学改革のための暫定的諸命題」の内容となり、人間存在の基礎的事実を確認するものだといえる。しかし、それだけが強調されるのであれば、通常の唯物論や自然主義の主張と変わりなく、彼のいう類概念との関連はまだ不明といわねばならない。

そこで議論を深めるために、彼が第二テーゼの例とした事例を取り上げよう。彼は、太陽に対する太陽系諸惑星の関係に類―種―個の関係を適用している。つまり、個々の惑星は、太陽系に属する限り「類からすれば等しい」惑星として、他の惑星と同じように太陽に関係するが、他の惑星との関係でみると「種からすれば区別された」個々の惑星であり、それぞれ太陽からの距離を異にして、太陽の周りを公転している。したがって、他の惑星から区別された地球の太陽に対する種的な関係においては、太陽からの特殊な隔たりをもち、固有の回転速度をもつという自分自身の本質が表現されていることになる。そのため「太陽に対する地球の振る舞い（Verhalten）は、同時に地球の自己自身に対する、あるいは自己自身の本質に対する振る舞い」だということになる。*22

第二テーゼがいう「主体が本質的に関係する対象」が、「主体自身」の本質であり、しかも主体自身の「対象的本質」であるということは、こうした対象的存在の「振る舞い」において成立している。この事例の考察から明らかなことは、どの個々の惑星も対象的存在であり、対象に対して振る舞う存在である限り、その存在の仕方には、太陽に対する類的関係と、他の惑星に対する種的関係と、自己自身に対する個的関係とが、相互に媒介されて成立しているということである。フォイエルバッハのいう類とか本質という概念は、常にこうした対象的存在の振る舞いにおいて成立する、類―種―個の生動的な構造的連関に結びついているということになる。類とか個は、人間的現存在のこの構造連関から切り離されてそれだけで解釈されたときには、それぞれが抽象的なものになる。

類―種―個という伝統的な論理学的概念は、フォイエルバッハにあっては、振る舞いという対象的な存在の仕方を示す存在論的概念に姿を変えている。それが系統的分類に便利な単なる論理学的概念ならば、『キリスト教の本質』冒頭章前半で語られていた、理性と意志と心情に分類された心の内面的能力を示す類概念は、抽象的で普遍的な概念となる。しかし、類概念を対象的存在の論理と一つのものとして把握するとき、自然を基礎とした人間が対象に対して振る舞う存在である以上、その類的本質である理性や意志や心情もまた、対象的に振る舞う類的人間の能力として、その対象に対する働きに即して理解されなければならないことになる。それらは、対象に対する関係においても、自己自身に対する関係においても超越的かつ内在的な能力だということになる。

人間の類的本質の一つとされた愛について、それが対象的存在の論理に即して考えられていることは、『キリスト教の本質』以前にもみられる。彼は『哲学とキリスト教について』（一八三九年）で、既に次のように語っていた。

もし人間に共苦の対象が与えられていないならば、極めて愛と共苦に富んだ人間でさえも、決して愛と共苦がなんなのかを知らず、またそれらが自分自身の諸特性であることを知らないであろう。他者の悲惨に流す愛の涙のなかではじめて、以前には不明瞭であった自分自身の本質が人間に明らかになり透明になる。なぜなら人間は今や、自分自身のためだけに存在するのではなく、他者のためにも存在するという自分の規定（使命）を認識するからである。*23

「他者の悲惨」という対象的事態に直面した時、それに対する振る舞いとしておのずと「流す涙」が、他者を愛する人間の証しだと考えられている。したがって「愛と共苦」がなんであるのか、その本質は対象に対する振る舞いにおいて開示される。この著作は、ハレ大学の歴史学の教授であるハインリッヒ・レオ（一七九九―一八七八年）の著作、『ヘーゲルの弟子たち』（一八三八年）でのヘーゲル哲学に対するキリスト教の側からの批判に対して、ヘーゲル哲学の問題点を指摘しながら、キリスト教と哲学の立場の相違を強調するものであった。注目すべきは、訳者の舩山信一が『哲学とキリスト教について』の解説でのべているように、そこには『キリスト教の本質』の見解、もちろん類概念も含めて、すでに「準備されている」のである。[*24]

そのことは次のことによって示されている。たとえばフォイエルバッハはその著作において、カントが「世界市民の意図における普遍史に対する理念」（一七八四年）や「ヨハン・ゴットフリート・ヘルダー「人類の歴史哲学のための諸理念」についての論評」（一七八五年）で哲学に導入した類概念を、ヘーゲルが十分に応用せずに、神が「人類の類概念」であることを明言しなかったと語っている。彼はまた、主語が「そのすべての述語の総体」であるとも語っており、神的述語を人類の述語の総体とする見方を示しているのである。さらに人間と動物の区別が、自分の類を対象としているかどうかにあるとして、「意志、悟性、知恵、本質、実在性、人格、愛、威力、偏在性」が類概念ではないかと問いかけている。[*25] こうした主張がさらに『キリスト教の本質』で展開されているのである。

カントの類概念が、フォイエルバッハの類概念に与えた影響は強いが、筆者はとりわけ、類や種の概念が普遍的概念にすぎないというヘルダー（一七四四―一八〇三年）からの批判と、それに対するカントの反論に注目している。論争の内容からみると、ヘルダーがシュティルナーに、カントがフォイエルバッハに類似しているからである。歴史において世界市民的な状態を構築するという自然の隠された意図を、カントは個人ではなく類に求めた。そして「人間の類」について、「生みだされたものの系列の全体」だとし、全体としてその使命に「絶えず接近する」と主張した。[*26] 類概念が抽象的普遍概念ではなく、世界市民的状態へと漸進的に接近する有限な歩みに、全体としての類が宿るとしたのがカントである。その主張は、個人の意識の制限を類の制限にしてはならない[*27]とか、神の本質が「人間の間に分与されており、世界史の経過の中で実現されていく類の諸特性の総体[*28]」だとしたフォイエルバッハの基本的立場に継承されていることは明らかである。

このように『哲学とキリスト教について』で、フォイエルバッハはカントに由来する類概念を、愛についての論述に示されたように、対象的存在としての人間のありかたと結びつけ、その振る舞いにおいて類としての人間存在の本質を考えていたのである。

四　個と類の断絶あるいは対立について

フォイエルバッハが『キリスト教の本質』に至るまで、類と個とを断絶させたヘーゲル的類概念の影響を受けているという主張がある。ヘーゲルの場合、動物の個体は性関係を介した繁殖や食餌を行なうことによって、子孫を残し自己を維持するとしても、その生命は死ぬことによって類として存続するにすぎず、つねに「同じような自然的個体性、同じような差別性と無常性」に帰着するという、悪しき無限累進過程にある。「類は個体の没落によって保存される」と明言されるように、彼の場合は、個体の没落つまり死によって、個体と類とが隔たれているのである[*29]。

ミュンヘン大学図書館に所蔵されているフォイエルバッハの遺稿の調査や整理に尽力し、若くして亡くなったカルロ・アスケリ（一九三六―六七年）は、『フォイエルバッハの思弁哲学との断絶』においてこのヘーゲル的な類概念を「類概念の生物学的・思弁的起源——浪漫主義的自然哲学の意味での——」と呼んでいた。彼は、フォイエルバッハが、類を人間の本質ならびに思惟と同一視しながら、この類概念の影響を『キリスト教の本質』まで受け継いでいるとみている。[*30] しかし彼は同時に、フォイエルバッハが、シュトラウスの『イエスの生涯』によって提出された、神と人間との和解は個々人においては不可能だという結論に影響されたこと、また『哲学とキリスト教』においては、カントの「世界市民の意図における普遍史に対する理念」での「人間の完全性の総計」としての類という考えを取り入れたことに注意を促している。[*31] その結果、『キリスト教の本質』には、ヘーゲルとカントの双方から影響を受けた類概念が混在することとなり、個と類の分裂というヘーゲル的類概念が基盤となりながら、カント的な類概念が人間の本質と考えられて、この著作でのキリスト教批判が展開されていることになったのである。河上睦子も、この著の宗教批判の論拠として「個と類の対立」をあげ、シュティルナーへの反論において「〈個と密接な関係をもった類〉の考えが登場」するとしている。[*32]

しかし、理性を正しく使用する「自然的素質は個体においてではなく類においてのみ完全に発展する」とし、「法を普遍的に管理する市民社会」、「完全に公正な市民的体制」を形成することが「人間の類にとっての自然の最高の課題」であるとするカントにとっては、[*33] 個と類との断絶や対立は、当然の前提であったし、フォイエルバッハの類概念を対象的存在の論理において把握すれば、そしてカントの類概念の影響を考慮にいれれば、アスケリや河上のいうように個と類を峻別する必要は薄くなる。

アスケリは、一八三九年に執筆されたと思われる『キリスト教の本質』の序論構想の草稿を部分的に紹介している。その草稿は、遺稿のうち「キリスト教の本質の一版と二版のための草稿」と表記された束（UB-München 4^{0} cod. ms. 935^{d} 17^{a}）に含まれるものである。アスケリはこの草稿に、個人的存在の自己保存衝動から区別された類の衝動から出発して、愛、友情、法、政治、道徳、学といった人間学の根本命題を構想しようとしたフォイエルバッハの試みを認めている。*[34] ザッスも『ルートヴィッヒ・フォイエルバッハ』でこの草稿を取り上げ、フォイエルバッハが『哲学とキリスト教』で示した類概念をさらに展開しようとしているとしている。*[35] ザッスが引用した草稿には、個が類に規定されている具体的な例として、トウダイグサという宿根草の上だけで生きているトウダイグサ毛虫が、この特定のトウダイグサの上で生きるか生きないかは別にして、トウダイグサというこの宿根草の類に、その毛虫の生が結びついていることがあげられている。*[36] このように、フォイエルバッハにとっての類概念は抽象的ではなく、毛虫という有機的生命の具体的な生の営みにおいて、つまり、毛虫がその本質的対象である宿根草に対して営むその振る舞いにおいて、生きられているのである。

五　理性・意志・心情の振る舞い

では『キリスト教の本質』にもどり、改めて理性と意志と心情として働く類の諸力を、自然という対象に対する人間の振る舞いという観点で考えてみよう。これらの諸能力は三つの能力ではなく、人間的現存在の対象的な振る舞いの現れと考えられる。そのことがよくわかるのは、自然に対する人間の振る舞いを考察するときである。自然の問題は、『キリスト教の本質』では背景に退いていて、主題的には議論されていないように思われるが、これらの類的本質を対象としての自然に対する振る舞いであることに注意して読んでいけば、二者が密接に一体となって自然に対する人間の振る舞いを示し、その姿からフォイエルバッハ独自の自然観を読み取ることは十分可能である。

この著作の初版は、通常理解されてきたように唯物論の立場を表明したものではない。『ヘーゲル哲学批判のために』（一八三九年）で、自然を「対象的理性」[37]と規定した見解を引き継いで、フォイエルバッハの理性概念は、「自然と人間との同一性のうちにある両者の本質」[38]とされていて、自然イコール理性という汎神論的同一哲学の存在論的原理なのである。そして、この理性は二つに分かれ、広義の「理性」が「宇宙の自己自身に対する愛」とされ[39]、狭義の理性が「悟性」であり、悟性が人間の外に存在する対象としての自然に対して抱く関心は「宇宙に対する愛」だと規定されている[40]。愛は類の能力としての「心情の力」なので、理性と心情とは自然に対する人間の振る舞いにおいて密接に関連していることになる。自然に対する愛とされた悟性の振る舞いは、悟性として思惟する自己自身の本質を肯定するが、それに尽きるのではなく、同時にその本質は「対象のために対象に関係する客観的本質」であり、その叙述が「科学」ということになる[41]。悟性は「宇宙に対する愛」でありながら、科学的思考としては、対象としての自然の客観的な法則的認識を遂行するのである。

フォイエルバッハが、早くから自然に対する関心を抱き、学生時代から哲学以外に、解剖学、植物学や昆虫学、生理学、鉱物学や地質学といった自然科学研究を幅広く研究し続けていたことは、よく知られている。前節の最後に紹介したトウダイグサに対するトウダイグサ毛虫の振る舞いにおける、類と個の関係もその成果の一端であった。城塚登がいうように彼は「実証的経験的自然主義的思考方法」[42]を身につけていた。しかしだからといって、ビーダーマンのように「自然諸科学に集中的に従事することによって、世界についてのその汎神論的考えが徐々に唯物論へと形成されていった」[*43]とみるのは、速断にすぎる。なぜなら「対象のために対象に関係する客観的本質」を解明する悟性の科学的法則認識は、近代科学がキリスト教と結びついた結果、「自然の身になって感じたり、自然の身になって考えたりする能力」[*44]が奪われ、自然に対する汎神論的自然感覚を失い、人間から自然を疎外したのだという彼の近代科学批判から生まれているからである。したがって、フォイエルバッハにとっての科学法則の認識は、「宇宙に対する愛」としての悟性的認識が、「宇宙の自己自身に対する愛」としての汎神論的な理性的認識にまで、深化することを求められていることになる。

近代科学の自然研究が、キリスト教神学と不幸な婚姻関係を結んだために、「自然に対するいっそう深い感覚」を喪失し、人間から自然を疎外したと批判するフォイエルバッハは、それをのべた『ピエール・ベール』（一八三八年）において、ブルーノ（一五四八－一六〇〇年）やスピノザ（一六三二－一六七七年）の汎神論的自然観が、キリスト教神学のように自然に対する外面的合目的性の立場を採らなかったことを高く評価している。そしてこの立場に立つ特殊な悟性を「実践的な人間悟性」と呼び、自然の外部に立ち止まって、自然の諸事物にはまったく無関係な目的のためにそれらを利用する立場だと特徴づけている[*45]。実践的な意志の振る舞いも、理性と心情と同じように、自然に対する人間の類としてのありかたとして、三位一体的に関連しているのである。

「実践的な人間悟性」という、自然を利用するにすぎないこの外面的合目的的な意志の振る舞いは、『キリスト教の本質』でのフォイエルバッハの類的な対象的振る舞いを理解するうえで重要な概念となっている。彼はユダヤ教における創造説を論じた章で、旧約聖書外典の「知恵の書」第一三章

第三節を引用し、世界の美を賛美する異教徒たちが自然の創造者という概念に高まらなかったという異教徒批判を逆手にとって、ユダヤ教批判を展開した。そのとき、「自然を実践的に自分の意志と欲求に従わせ」、その「実践的立場そのものを理論的立場にする」「実践的エゴイズム」の立場の人間と、「世界に対して美的あるいは理論的に振る舞う人間」とが対比されている。[*46]「理論的直観は根源的に美的直観である」[*47]というのが彼の立場であり、悟性や理性という理論的認識能力は、「宇宙」とか「自然」といわれている対象に対する人間の美的—理論的振る舞いという類的能力なのである。

六　類概念は抽象か？

以上の考察から、シュティルナーを始めとして論者たちの類概念批判は、対象的存在の論理から切り離されたものであったことが明らかになった。最後に、フォイエルバッハがシュティルナーからの類概念批判を受容したという主張を取り上げて検討する。「シュティルナー・ショック」を主張する論者たちによって、フォイエルバッハ自身が一八四五年『ヴィーガント四季報』第二巻に発表された「「唯一者とその独自のありかた」に対する関係における「キリスト教の本質」」を、全集第一巻に収録するさいに加筆し、そこに類が抽象的であることを認めているという指摘である。[*48]つぎの文章がその論拠とされる加筆部分である。

相対的には、すなわちこの人間としての私にとっては、たしかに、そしてもとより必然的に、類は単に抽象にすぎず単に思想にすぎない。たとえ類がそれ自身において感性的実存をもっているにしてもこのことに変わりはない。[*49]

加筆された註のこの箇所にもとづいて、フォイエルバッハが類概念の抽象性を認めてエゴイズム概念を受容したという本章第一節で言及した滝口の解釈や、「その文章をそのまま拝用させて頂くことにしたい」と数頁にわたって滝口解釈を引用し、結果的にそれを無批判に紹介した廣松渉の解説は、はたして正当化できるのだろうか。

加筆部分からこの引用部分だけを抽象すれば、『キリスト教の本質』で類は抽象ではないと語っていたフォイエルバッハが、シュティルナーからの批判に対して反論したにもかかわらず、次第に類が抽象であることを認めていったというような印象を与えている。しかし、この加筆部分は、初出論文本文の段落に加筆された註だということに、当然のことながら留意しなければならない。その本文では、類が「フォイエルバッハにおいては抽象を意味せず」、「汝」と呼ばれる「私の外に実存する人間的諸個体[*50]」を意味するのだと主張されており、その本文は全集にこの加筆が収録されたさいにも修正されていない。またさらに、「シュティルナー・ショック」を主張する論者たちが無視している加筆されたこの註の後続部分にも注意が払われなければならない。そこではまず、過去に実在した人間たちが感性的に実存した人間であるにしても、私にとっては「思想上の存在者」にすぎないといって、それを例として、類が「抽象にすぎず、思想にすぎない」ということの説明としている。さらにまた、人間の本性（自然）が「我と汝との対立、男と女の対立のなかに実在している」と主張して、本文の類は抽象ではないという主張を再確認しているのである。[*51] 初出論文の本文の段落と、それに対して加筆された註の全体から判断すれば、フォイエルバッハがシュティルナーの影響を受けて、類を抽象的としたという主張が成り立たないことが判明する。また次にみるように、フォイエルバッハの反論文の構成全体からみても、彼が決して類概念を抽象的としておらず、『キリスト教の本質』の類概念を堅持していることが確認できる。

シュティルナーへの初出の反論文には、節に該当する一五のパラグラフがあり、『フォイエルバッハ全集』の第一巻に収録されたときには、大きな三つのパラグラフと上述の一つの註が加筆されている。それらは内容的にみれば、以下の三つのグループに分類できる。（1）『キリスト教の本質』でのフォイエルバッハのキリスト教批判の方法、つまり、神の述語と人間の類の述語とがそれぞれ同一であることから、神の本質と人間の本質という主語の同一性を主張する方法を説明したもの（一番目から三番目の節）、（2）人間にとって人間が神であるということを類概念から説明したもの（四番目から一一番目の節）、（3）エゴイズムとしてのユダヤ・キリスト教と、愛および感性の立場の違いを説明したもの（一二番目から一五番目の節）、以上の三グループである。このうち類概念をめぐる現在の議論に関係するのは、三つの加筆の節と一つの加筆の註が含まれている（2）のグループである。それに属し、特に類概念に関係している八番目の節の内容を、いま少し詳しく整理すると、以下のようになる（（　）内の数字は四から一一までの節を示す）。

人間が人間の神であるというフォイエルバッハの主張では、神学的立場が放棄されていないという
シュティルナーに対して、彼はその場合の神が、人間から区別され超越した神という宗教的神学的思

弁哲学的意味と同じではないと反論している（四）。それに続けて、フォイエルバッハは我々を本質的な我と非本質的な我に分裂させ、前者を真の本質としての、抽象的理念としての類としているというシュティルナーからの批判に対して、『キリスト教の本質』はそうした分裂を克服するために、感性的な個体としての全体的人間を主張したのであり、感性的存在者こそ絶対的存在者だという反論がなされる（五）。この節のあとに、一八四六年の加筆の節として、改めて人間自身の内部にある自己と本質との区別、および人間と神との区別を取り上げ、自分の本質を神とせざるをえない人間の心的情態を宗教の起源としたのだといわれている。また、個体が絶対的な個体であるというフォイエルバッハが排他的個体であると主張しないのは、シュティルナーのいう唯一者が超自然主義的な自我主義（エゴイズム）に立っているという点に、イエス・キリストを排他的な神とするキリスト教の伝統を見ているからだと説明し、個体は、自我主義者（エゴイスト）であるとともに共同主義者だという主張がされる（六）。諸感覚にしたがえば唯一者としての自我は男性的あるいは女性的であり、性をもたない自我はキリスト教的自然主義の残滓だとシュティルナーが批判される（七）。続けて同じく感性の立場からすれば、自我は他の自我つまり汝という他の自我つまり他者に関係するのであり、このことからいえば類は抽象物ではなく、実存する人間的諸個体であるという主張がなされている（八）。そしてこの節に、類を抽象とするかのような、先に論じた四六年加筆の註がつけられている。次に、類の思想は道徳的感性的に制限された個体にとってのみ存在し、依存しあう個別的な個体同士の関係が類であるとされる（九）。またこの節に続き、窮迫した存在としての人間にとって恵みを与えてくれる他者こそが神であり、自分のもうひとつの自我、他我であるという四六年加筆の節が置かれている。次に、人間の本性を実現することが類を実現することだとされる（一〇）。そして類概念に関する最後の節で、人間の個体内部の区別、個体同士の区別、個体と類との区別の重要性が確認されている（一一）。そして（2）のグループの最後に四六年に加筆された節が続く。その節は、個としての私は、飢餓を満たす飲食物であれ、製作する作品であれ、つねに何物かを私の上にもっていて、それらは私にとって人間的なものであると、フォイエルバッハが、対象的存在としての人間のありかたから類概念を述べたものである。*52

このように類概念を論じた（2）のグループ全体に、一八四六年の『全集』第一巻での加筆部分が、そのグループ全体の趣旨を損なうことなく収まっているのである。初出の八番目の節につけられた当該の註も、註の後半部分の主張や本文第八節との関係でみたときだけでなく、（2）のグループ全体や、それに配置される四六年の他の加筆された節や註との関係でみても、フォイエルバッハがシュティルナー・ショックによって、初出の論旨を変更し、類を抽象としたという主張が成り立たないことが判明する。こうした文脈全体に目配りをして加筆された註を注意して読むと、類が単なる「抽象」あるいは「思想」にすぎないのは、単に「相対的に」「私にとっては」と限定されていた意味が置かれてのことであり、「我と汝」としての類概念にはいささかも揺れがないことになる。（2）の理解できる。つまり、類が抽象的だとフォイエルバッハが加筆したのは、この限定された表現に重点グループ全体ではたえず、排他的な自我主義あるいはエゴイズムと、他者を他の自我つまり汝とする、類としての人間の立場が区別されて、シュティルナーの立場に対する反論が展開されていたことになる。類が抽象であり思想であり理念にすぎないという批判は、私というものを他の私から切り離す立場において成立するという主張が、この加筆された註においても述べられていたのである。筆者自身の表現をすれば、類概念は、他者に対して振る舞う対象的存在としてのありかたから抽象されたとき、あるいは、自然や他者や自己自身に対して振る舞う人間的現存在のありかたの生動的な構造連関から切り離されたとき、抽象態に化すということになる。

第四章　唯一者の独自のありかた――エゴイズムの問題

一　シュティルナーの側から論争を見直す

前の二つの章では次のことが論究された。シュティルナーとフォイエルバッハの論争を取り上げた論者たちは、フォイエルバッハの書簡などの文献を恣《し》意的に取り扱い、シュティルナー・ショックを過大に評価していた。またシュティルナーを含めて、彼らはフォイエルバッハの類概念を対象的存在の論理から切り離して議論していたのである。従来の研究についてのこうした批判から、フォイエルバッハがいう人間の本質としての類概念が明らかになった。つまり、人間存在は自己や他者や自然に対して対象的に振る舞うというありかたにおいて考えられているので、対象的に自己自身の存在を定立することにその本質があるということになる。そのため類とか個体は、対象に対して振る舞う人間的現存在の生動的構造連関から切り離されると、抽象的な概念になるということである。類概念をこのように考えているかぎりで、フォイエルバッハは、これらの対象的諸契機から切り離された唯一者こそが、抽象的だと反論できたのだと解釈することができる。

しかし、シュティルナーのフォイエルバッハ批判は、こうした対象的存在としての類概念を読み取ったうえでの批判ではなく、誤読につきると一蹴《いっしゅう》できるが、それでは論争の一方に与《くみ》することとなり不公平で早急な主張になる。誤読だとしても誤読させた一因がフォイエルバッハの方にもないかどうか、また逆にフォイエルバッハがシュティルナーのエゴイズム論を捉《とら》えそこなっていないか、この検討が求められる。この章では、まず本著でのこれまでの論述を踏まえ、両者の基本的な立場の相違を確認し、その次にシュティルナーの主張の具体的検討を行うこととする。

フォイエルバッハは、シュティルナーの「私は私の事柄を無の上にすえた」という唯一者の宣言に、その無もまた神性の述語ではないか、と反論していた。[*1] 一切の私の事柄を「無の上にすえた」という表現に、世界を無から創造したというユダヤ教的エゴイズムの残滓《ざんし》をみていたのである。彼は、無からの創造説を論じた『キリスト教の本質』のある箇所で、ユダヤ教が自然を実践的にただ自分自身の意志と欲求に従属させ、自然をエゴイズムの目的のための単なる手段に貶《おとし》めていると、その超自然主義的エゴイズムを批判していた。[*2] またその延長線上で、唯一者の宣言に対して、個人であることはエゴイストであるだけでなく、同時に「共同主義者 *Kommunist*」でもあるといって類の立場を対置したのである。[*3] そしてシュティルナーにあっては、個人の排他的な自己意識が、類の意識に代わって神として崇拝の対象となるというイエス・キリスト論の残滓があり、それが地上の唯一者となっていると批判したのである。[*4] このようにフォイエルバッハは、シュティルナーへの反論において、唯一者のエゴイズムの立場を、『キリスト教の本質』でのユダヤ教およびキリスト教批判の文脈において位置づけていたのである。

しかしこの同一視は、シュティルナーがフォイエルバッハの類概念にキリスト教の神概念の残滓をみたのと同様に、後者が前者の唯一者宣言の趣旨を誤解したものといえるだろう。本著の第一章で『唯一者とその独自のありかた』の序論を取り上げて論じたように、シュティルナーの宣言は、一切を空《くう》と断じる聖書の『コヘレトの言葉』が示す神への敬虔な信仰的世界観と、喜怒哀楽の有限な人間的生を積極的に肯定するゲーテの「つどいの歌」とを共に批判するものであった。フォイエルバッハは、自然に対して実践的に振る舞うユダヤ教のエゴイズムを批判するとき、自己目的を宿した美的客観としての自然を直観する重要性を指摘し、ギリシャ的ヘレニズムがもつ自然に対する美的理論的振る舞いを、ユダヤ教的な実践的エゴイズムに対置していた。[*5] ところがシュティルナーの唯一者の宣言は、ユダヤ・キリスト教の信仰的世界観だけでなく、フォイエルバッハが顕彰したヘレニズム的伝統に立つ、ゲーテの古典的人間主義の理想をも批判の射程にいれていたのであった。そのことを忘れてはならない。実際、カント的類概念の影響を受けたフォイエルバッハの類概念は、類としての人間の漸進的な進歩という近代の啓蒙的歴史観をもっていたのである。たとえば彼は次のように語っている。

人間が神についてもつ表象は、人間個人が自分の類についてもつ表象にほかならないこと、あらゆる実在性あるいは完全性の総括としての神とは、個々の人間に部分的に配分され、そして世界史の経過のなかで実現されていく類の特性が、制限ある個体に役立つように、便覧的に要約された総括にほかならない。[*6]

神という宗教的表象を人間の類の表象に還元したフォイエルバッハは、キリストの再臨による終末観こそもたないものの、神が堕落した人類を救済するという福音史の信仰を、世界史において漸進的に実現されていく人類の自己実現過程に還元したのである。この点からすれば、類概念が抽象的だとカントを批判するヘルダーが、カントの啓蒙的歴史観を批判したのと同じように、フォイエルバッハを批判するシュティルナーの立論には、カントの類概念の影響を受けたフォイエルバッハの啓蒙的進歩的歴史観への批判があったといえる。フォイエルバッハがいう有限な身体的人間と、そうした個人の思惑を超えて進む冷酷な世界史とのどうしようもない落差を自覚しない、啓蒙的進歩の観念への批判があるといえる。フォイエルバッハ自身の人間学は、筆者の見解からみれば、類概念を対象的存在としての人間のありかたから把握することによって、人間的現存在の生動的な構造連関を解明する手がかりを展開したことは事実である[*7]。しかしながら、シュティルナーが批判した教権制度が支配する世界史の現実において、フォイエルバッハがいう類としての人間の共同性が崩壊し、自然や他者や自己といった対象的諸契機が、自己の内外を問わず否定的で破壊的な力として作用するとき、漸進的な類の進歩を語るだけで済むのであろうか。自己の思いを超えたそうした力が働くのが、むしろ歴史の現実ではないか。彼の類としての人間観は、対象的存在である人間の生の構造連関を指摘したにとどまり、歴史世界において振る舞う人間的現存在の生の営みがもつ過程的連関を、理論的に展開できなかったのではないだろうか。

シュティルナーは、ユダヤ・キリスト教的な信仰的世界観とヘレニズム的伝統を引いたゲーテ的人間主義を、共にトータルに批判するという思想的課題をもっていた。唯一者と呼ばれる個の立場から、西洋思想史そのものを崩壊させることを目指す歴史哲学的な観点に立ち、そしてそこからフォイエルバッハの類概念を抽象的だと批判していたのである。個の立場を強調するかぎり、彼の立場は、多くの論者が指摘するように、実存主義の先駆とみなすことができる。たとえばアンリ・アルボンは、ヘーゲル以後の状況について、個人を国家に従属させた右派と、個人を世界変革の至上の意識に高めた左派との分裂とみて、そこに個人の二重の誤魔化しがあると考えた。そしてシュティルナーの著作の意義を、そうした脱個人の一般的試みに対する「むき出しの反応」と考え、彼の思想を実存主義の源泉として論じたのである。[*8] また、シュティルナーを「新しい実存的な存在哲学の代表者」と評価するジョルジオ・ペンツォは、その意義を「自我の固有性がその基礎づけをただ自己自身のなかに見いだす」ことにあるとしていた。[*9] またヘーゲル左派に分類されがちなシュティルナーが、はたしてそうなのかと疑問を呈したエルンスト・カストも、シュティルナーの唯一者、エゴイズム思想に、ヘーゲルやフォイエルバッハに対抗する「具体的諸個人の欲求の表現」をみている。なぜなら、福音史への信仰が崩壊したあとでも、歴史における人類の進歩を希求するヘーゲル左派の無神論者に、シュティルナーが信仰者と変わらぬ「敬虔な人々」をみていたからである。[*10] またカストは、アルボンのシュティルナー論の独訳に寄せた「後書き」で、シュティルナーを無神論的実存主義の源泉だとしたアルボンの見解を肯定的に評価している。[*11]

実存主義の系列にシュティルナーを位置づけるかどうかは別にしても、そう主張する論者たちは、シュティルナーの思想に、個人を超えた国家や歴史に、個人を依存させたり、逆に個人を世界変革の主導者に舞い上がらせたりせずに、個人の基礎づけを生身の個人自身の中に求めたという意義を承認している。しかし、自己の固有性の基礎づけを自己自身の中にもっている唯一者は、歴史的生の日常を生きる生身の個人だということを忘れてはならない。シュティルナーの歴史哲学的問題意識からすれば、単なる実存主義の先駆者であるというだけではなく、歴史的実存の思想家なのである。この彼の立場は、自然や他者や自己に対して振る舞う対象的存在としての人間的現存在の場合とどう違うのだろうか。このことをさらに掘り下げるために、次節では、シュティルナーの著作でのフォイエルバッハ批判を取り上げながら、唯一者がどのように自己自身の独自のありかたを求めているのかを考察する。

二　「第一部　人間」の概要とフォイエルバッハ批判

シュティルナーの『唯一者とその独自のありかた』は、ヘーゲル左派を含め多くの批判対象をもっており、その批判は多岐にわたっている。しかしその第一部の表題が「人間」であることから推測できるように、至る所でフォイエルバッハからの直接間接の引用がなされ、その批判が展開されている。ここではまずこの「第一部　人間」の概要に即して、両者の考え方の違いに議論を絞って検討する。

最初に「第一部　人間」の概要を紹介しておく。それは「Ⅰ　人間の人生」、「Ⅱ　古い時代と新しい時代の人間」の二つの章に分かれ、後者はさらに「一　古い人々」「二　新しい人々」「三　自由な人々」の三節に分かれている。

第Ⅰ章は、子供、青年、成人という人生行路の諸階梯に合わせて、人間が「自己を見出し」、「自己を手に入れ」、「自分の独自な存立を主張」していく歩み、「自己主張の闘争」としての人生行路を述べたものである。[*12] まず「子供」が両親や家庭といった「自然的威力」に抗って自己を主張しはじめ、「精神」という「最初の自己発見」をなす「青年」となる。「青年」は「精神的に振る舞う geisitiges Verhalten」のであり、その場合のこの精神には「思想」や「理想」、「真理、自由、人間性、人類」、「神、皇帝、法王、祖国など」、青年が振る舞う時の一切の対象が含まれている。「青年」は、それらに陶酔するが、それらに比べておのが身の卑小さに気づかざるをえず、おのれを超えたこれらの彼岸的なものに頭《こうべ》を垂れ、そのことによってかえって自己を失っているというのが、シュティルナーの主張である。[*13] そして、こうした青年に対して「大人」が対置される。「大人」は、「青年」のように理想や精神に従って世界を改善しようとして、かえって空しく自己喪失するのではなく、「自己を生身の精神」は、「自分を生身のままに愛好し、生身に生きるがままの自分を喜ぶようになってはじめて、leibhaftig 精神として発見する」と語られていて、これが「第二の自己発見」と呼ばれる。この「生身の精神」は、「自分を生身のままに愛好し、生身に生きるがままの自分を喜ぶようになってはじめて、人格的なあるいはエゴイスティックな関心をもつようになる」といわれているように、人生行路のこの第三階梯にあたる「大人」が、シュティルナーのいうエゴイスティックな自我、つまり唯一者にあたる。[*14]

「子供」から「青年」をへて「大人」へという個体発生的な人生行路の三段階説は、「第二の自己発見」としての「大人」、いいかえれば「生身の精神」を唯一者とするものであった。人生行路という枠組みそのものは通俗的な考えだが、その説は、自分自身を見出すために自分が作り出したものが神のようなものになり、かえって逆に自分を支配するという精神の倒錯現象を摘出したものである。それは、宗教における人間の自己疎外という転倒を批判したフォイエルバッハの宗教批判の手法を援用して、青年が創出した精神のありようを描いたものだといえる。しかしシュティルナーには、フォイエルバッハの類としての人間も含めて、人間精神がその遍歴において作り出した一切のものを、倒錯的な自己認識にすぎないとする徹底さがみられる。たとえばフォイエルバッハの場合、言葉こそ違うが、人間が「自然の自覚した本質、歴史の本質、諸国家の本質、宗教の本質として存在し、かつそう自覚している」*15と主張していた。その場合、自然や歴史や国家や宗教は、類としての人間が振る舞う対象だから、それらは、シュティルナーがいう「精神的に振る舞う」「青年」の振る舞いによって作り出された、対象である「精神」に該当する。しかしフォイエルバッハは、人間自身が関わる本質的対象が、人間自身の対象的本質であるとして、対象的に振る舞う人間を強調するのに対して、後者は、「精神」というその対象に「人間性、人類」をあげているように、前者がいう人間の本質、人間なるもののありかたそのものをも、倒錯的な自己認識だとして葬っているのである。

以上の第一部第一章「Ⅰ　人間の人生」に続く第二章「Ⅱ　古い時代と新しい時代の人間」はどうだろうか。そこで展開される人間批判は、二つの時代、つまり、キリスト以前のギリシャとローマの「一　古い人々」、キリスト以後の「二　新しい人々」にわけられる。そのことはつまり、キリスト前後の二つの時代を区分することによって、第一章における自我の個体発生的な自己発見の歩みを、歴史における系統発生的な歩みに変換して批判するものだといえる。

この歴史における自己発見の歩みの各段階において、シュティルナーは多くの箇所で意識的にフォイエルバッハから引用し、その人間学の倒錯的な自己認識を批判していくのである。まず、「一　古い人々」の最初のほうに、「「古代人にとって、この世界は一個の真理だった」とフォイエルバッハはいう」[16]という一文が取り上げられている。引用された文章は、邦訳でいえば『キリスト教の本質』第一一章「摂理と無からの創造の秘密」にある。全能の神による無からの世界創造に、超自然的な主観性原理を見出し、それと対比する形で古代の哲学者たちが「世界あるいは現実の直観によって主観性を制限した、──なぜなら彼らにとっては世界が真理だったからだ[17]」と述べている箇所がそれだ。シュティルナーは引用に際して、「世界創造における超自然的な主観性原理」については無視している。第一二章「ユダヤ教における創造の意義」でもいわれるように「ユダヤ人の超自然主義的エゴイズム[18]」といわれるものがこの主観性の立場である。近代哲学や近代神学における主観主義への批判は、主観性を断念せよという神学者カール・ダウプの弟子として、また客観的な精神の哲学者ヘーゲルの弟子として、フォイエルバッハが汎神論的自然哲学の地盤で展開してきたものであった。

ユダヤ教のエゴイズムの立場を批判し、ギリシャ的古代を賛美するフォイエルバッハに対して、シュティルナーはこの古代賛美を批判し、そこにある倒錯を摘出する。まず彼は、先の引用文に続けて、古代人がこの真理としての世界の背後に至ろうとして実際そこに到達したと、ソフィストたちの教養的自己意識、心性を涵養するソクラテス的倫理、ストア派の理性に従う不動の心をもった賢者の理想、エピクロスのなにものにも煩わされない平静な心のありかた、一切の真理の認識に終りを告げる懐疑派などを取り上げ、古代思想史を概略している。

そのさいにシュティルナーは、世界を一個の真理と見做《みな》した古代人が問題とした家族や共同体や事物の世界全体を「自然的諸関係」と呼んでいるが、それは、彼らを「自然的威力」に従属した「子供」の段階になぞらえたからである。そしてギリシャ的古代人が、真理としての世界への探求でその思想を始めたにもかかわらず、最終的には、事物や世界に煩わされない心のありかたに、そしてそれらの懐疑に帰着したことを抉《えぐ》り出すのである。しかしこうして「古い人々」の自己発見の倒錯的な歩みが批判されているだけではない。注意する必要があるのは、シュティルナーが他方では、「自然的諸関係」が自我の「精神的自由を狭める妨げ」だとしている点である。[*19] 古代思想についての彼の整理はヘーゲル哲学に倣ったものであり、特に、自然的なものからの制限を一切克服することがヘーゲルのいう精神の自由なありかただったから、シュティルナーもその自由観に従っているのである。そのために彼は、「古い人々」の倒錯を指摘しただけでなく、古代思想の展開を、自我の固有なありかたが確立されるための必要な歩みとしていることに、注意しておく必要がある。

　こうして「古い人々」の世界は終わりを告げ、キリスト教の始まりとともに、新しく「精神の世界」、「二　新しい人々」の歴史が始まる。彼らも前者と同じく世界の背後にある超越的な神に到達するが、キリスト教の説く愛は「全面的に生身の人間」[*20]を愛することではなく、そうした個人はエゴイストとして軽蔑《けいべつ》されることになる。さらに、キリスト教神学だけでなく、それに対する「最新の反乱」も「神学的反逆」だと批判される。当然フォイエルバッハが神学を人間学に解消するという試みも、「神学」を脱しきれない「最新の反乱」に含まれているのである。

　そして「二　新しい人々」の節は、「i　精神」「ii　取り憑《つ》かれた人たち」「iii　教権秩序」に細分されている。この節において、超越的な神の本質を人間の本質に内在化するフォイエルバッハに対して、シュティルナーは、次のように断言している。

私は神でも人間なるものでも、最高の本質でも私の本質でもない、なぜなら私が本質を私の中で考えようと内で考えようと大事な点では大したことではないからだ[*21]。

彼は、こうした「本質」と「私」との分裂が「精神」という「亡霊 Spuk」「幽霊 Gespenster」に「取り憑かれた人たち」にあると語っている[*22]。個体発生における「青年」世代の自己喪失が、系統発生的にキリスト以後の歴史世界における、精神的な自己分裂状況として繰り返されたことになる。シュティルナーは、「亡霊」と題された箇所の冒頭で、「「幽霊」たちとともに、われわれは精神の国に、本質の国に到達する[*23]」と語っていて、フォイエルバッハがいう「人間の本質」「類」というものもこうした「幽霊」の典型としているのだが、「幽霊」や「亡霊」という用語は、近代神学批判においてフォイエルバッハが使用していたものであった。彼は『キリスト教の本質』の第一版の序言で、「近代世界の無限の自由と人格」が近代神学を支配したとして、人間中心主義的な近代神学を批判したとき、「古代のキリスト教の超人間的超自然的本質が少なくとも幽霊（*Gespenst*）として我々の時代と神学の頭のなかで亡霊と化している（spuken）」と語っていた[*24]。シュティルナーは巧みに、これらの用語を「新しい人々」の精神における自己倒錯を示す用語として使用し、さらにフォイエルバッハがいう「本質」としての人間も「幽霊」「亡霊」としてあわせて葬り去っているのである。

人間なる者に心酔する者は、その酔いが及ぶ限り、諸個人には目もくれず、理想の神聖な関心に浸っている。人間なる者とは、まさに個人ではなく一つの理想、一つの幽霊なのだ[*25]。

フォイエルバッハが、自由な人格的な近代的自我を「亡霊」「幽霊」というのは、その自我が身体を通して自然を基礎とした人間であることを自覚していない、「超自然的人間」であり、おのれの魂の不死を願う彼岸信仰に陥っているからである。それに対してシュティルナーからすれば、フォイエルバッハのいう身体的自然的存在としての人間は、自己の内に類としての人間の本質をもち、それが自己を規制する理想となっているからである。そのような「人間なるもの」の理想を批判した上述の引用文は、「iii　教権秩序」中の一文である。それが教権秩序と呼ばれる理由はこうだ。

つまり、人間なるものの神聖な理想が掲げられ、人々がその祭壇に額《ぬか》ずくとき、かつてプロテスタンティズムが中世の教権秩序を崩壊させたにもかかわらず、思想と精神が生身の自己を支配する教権秩序を生み出したという事態が、また新たに繰り返されるというのである。こう考えるシュティルナーにとっては、人間なる者という「幽霊」に心酔して、結婚や人倫的関係を神聖化するかぎり、フォイエルバッハもまた「啓蒙的プロテスタンティズム」と変わりがないことになる。*26 そして「iii　教権秩序」の最後は、次の呼びかけで締めくくられている。

> 君が聖なるものを食い尽くすとき、君はそれを自分のもの（*Eigenes*）とするのだ！　聖餅《せいへい》を平らげてしまえ、そうすればそれから解放されるのだ！*27

のちにニーチェのツァラトゥストラが、蛇の頭を咬《か》み切れと呼びかけることになるが、食い尽くせ、平らげろという呼びかけは、それを思わせる先駆的な宣言である。しかし、精神と本質の王国が創出した教権秩序を「自分のもの」とすることによって、はたして自我は「解放され」自由になれるのだろうか。それはまだ始まりにすぎない。シュティルナーは、この新たな教権秩序からの解放の自由を、さらに「第一部　人間」の最終章「三　自由な人々」において考察していく。

「三　自由な人々」では、主に自由を謳歌する近代市民階級の三つのイデオロギー、つまり政治的自由主義と社会的自由主義と人道的自由主義が批判されている。そして最後に、この著の「第二部　自我」が始まる。そこでは、個体発生における「第二の自己発見」としての「大人」の段階が、歴史過程における新しい時代の幕開けとして、唯一者とその独自のありかたを浮き彫りにしていくと考えられているのである。そのためにフォイエルバッハとの関連でいえば、第一部末尾の自由主義批判の論点を確認することが、「第二部　自我」で展開される唯一者の独自なありかたを成り立たせている力とはどういうものかを理解する前提となってくる。簡単にそこまでの論旨を確認しておこう。

シュティルナーは、まずフランス革命のように自由平等博愛を掲げた近代市民革命を俎上《そじょう》にのせている。その革命はたしかに封建的な絶対王政を打ち壊したし、近代市民社会の基本的人権といわれる社会的諸権利を、人間の自然権として承認した。しかし彼からすれば、その権利承認は、われわれが国家に属する国民として社会契約をなし、それによって国家の公共的生活空間で共に支えあう限りにおいて、人間的な生得的な権利として成立しているにすぎない。私的生活空間の私の特殊的利害にかかわることどもは、国家公民としての万人の、普遍的利害の追求のために貶められてしまう。公的なことどもこそが人間的なことどもであり、エゴイスティックなことどもは、非人間的なものとして貶められ、公共的生活空間から排除されるのである。[*28] こうしたシュティルナーの主張を読むとき、日本においても万機公論に決すべしという明治維新の標語が、決して私的言論の働きを公共的空間において重視したものではなく、それを排して国家の公《おおやけ》の言論のみを顕彰したことが想いだされる。こうした事態をシュティルナーは次のように述べている。

国家の思想が万人の心胸を貫き熱狂を呼び覚ました。国家に、この現世の神に仕えることが神への新しい奉仕と礼拝となった。[*29]

このように第一の政治的自由主義においては「国家」が「現世の神」と譬《たと》えられている。そうした国家に自分たちの権利の承認を求める自由主義の心性は、絶対君主制を打破して臣民であることを廃止したはずの市民階級に、相変わらずの隷属的な依存感情が再生されていることを示している。プロテスタンティズムの内面的信仰が、依然として聖なる者への内面的な隷属感情を残し、新たな教権秩序を打ち立てたように、ここでも絶対君主制からの解放で得られた政治的自由主義は、国家という新たな神に善良な市民として叩頭《こうとう》することになる。シュティルナーがいう唯一者の独自なありかたの場合のように「諸行為がすっかり私のものになる完全に自由な自己規定」[*30]とはなっていないのである。

こうした近代政治的自由主義に対するシュティルナーの批判は、畜群的平等に固執する末人が指導者を求める依存的心性を批判したニーチェや、また封建的束縛から自由になった近代人が、かえって自由から逃走し権威主義的な社会的性格を生みだしたというエーリッヒ・フロム（一九〇〇—

一九八〇年)、こうした議論の先駆けとなるものである。そしてシュティルナーはさらに、政治的自由主義批判と同様の論旨で、第二の社会的自由主義を批判することによって、自由主義批判の矛先に厚みをもたらしている。

社会的自由主義は、政治的自由主義にとっては何人も命令してはならないというように、何人も所持しては(haben)ならないと結論づける。いいかえれば後者においては国家のみが命令するというように、前者においては社会のみが所持する(Haben)のだ。*31

政治的自由の権利を国家に承認され、平等となったかにみえた市民階級は、私的空間に生きるエゴイスティックな私人として公的空間から排除された。その結果「何人も命令してはならない」、「国家のみが命令する」という事態が現出することとなる。今それと同じように、富と貧困の不平等を許さない市民階級は、さらに自分たちの所有物(Besitztum)の平等を求め、国家の廃絶によって万人の福祉が実現されるとするのだが、「社会のみがもつ」べきだとする社会的自由主義の主張においては、「何人ももってはならない」と個人的所有の廃棄が求められ、個人は、エゴイスティックな私的欲求の追求を否定され、社会的所有の領域から排除されてしまうのである。

第三の自由主義として検討されるのが、人道的自由主義である。シュティルナーは、この人道的自由主義を「「批判的」自由主義」といい直し、自由主義の完成としている。それは、国家を利用するエゴイスティックな市民を批判し、社会を自己の欲望というエゴイスティックな目的のために利用する労働者を批判して、利害を離れた「純粋に人間的な関心」を抱く人間的なるものの自由主義とされているからである。[*32]

人道的自由主義は、政治的および社会的自由主義を批判するにもかかわらず、それらと同じ事態を、自らに招いてしまう。政治的自由主義においては、国家の命令のみが支配する公的生活空間から、私的個人が排除され、市民的自由主義においては、社会のみが所有し私的個人的所有が承認されなかった。今や人類の立場、人間なるものが理想、目的となり、個人としての個人は人間的なものをもたないエゴイスティックな存在と化して貶められる。生身の個人の一切の特殊性を、人間の本質のために捨てることが求められることになる。

シュティルナーは、「人間が人間にとって最高の存在である」というフォイエルバッハのテーゼを、この人道主義的自由主義についての論述において引用し、神学を人間学に解消するその無神論に自由主義の完成をみている。[*33]

そして最後に、人間から切り離され、人間とは別の異なる存在とされた類としての人間を神だとするフォイエルバッハの主張に対して、その論法を逆手にとって次のように批判する。つまり、「真の神」となったこの人間なるものを、彼は「われわれ自身の「自己」」であり、「われわれ自身であるが、しかしわれわれから分離されてわれわれの上に高められるのである」と、人間を唯一者としての「自己」に還元するのである。[*34] フォイエルバッハが一切の宗教的表象を人間学的に還元したとすれば、シュティルナーは、前者がいう人間の本質も含め、人間精神が生み出した一切の産物を幽霊として自我に還元するのである。

三　「第二部　自我」の解読――Eigentumの二義性から

前節では「第一部　人間」をフォイエルバッハとの関連に限定して論究した。人間がその精神や本質の創出を通して、かえってその創出者を支配するという倒錯現象の論究は、フランクフルト学派のいう啓蒙の弁証法という逆説を先駆的に述べたものだといえる。その学派の中心人物であったホルクハイマーは、『啓蒙の弁証法』（一九四七年）冒頭で次のように説明していた。

これまで進歩的思考のきわめて包括的な意味での啓蒙は、人間から恐怖を取り除いて、人間を支配者に指名するという目標を追いかけてきた。しかし、すっかり啓蒙された大地は意気揚々とした災いの印で輝いている。*35

二度にわたる世界大戦、ナチズムによる支配とユダヤ人虐殺の記憶が、啓蒙され光り輝くかにみえた大地に、災いの兆しを感受させ、人類発生以来の啓蒙の歴史に潜む逆接的事態を透察させたのかもしれない。しかしそれよりも一世紀少し早く、シュティルナーは、啓蒙による人類の自由の進歩の歴史が、同時に人類の退歩と隷属の歴史であるという、繰り返されてきた倒錯の事態に異議を申し立てていたのである。

このシュティルナーの慧眼《けいがん》をその主著から読み取るために、本著の「はじめに」で暫定的に示しておいたEigentumをどう訳すかという問題を、主著の第一部の内容に即して、掘り下げる必要がある。その語には「所有」の他に「独自性」という意味があった。[*36] 前節で展開した議論から、第一部の内容を理解するために、筆者は、このEigentumの用語がもつ二義性を単なる言葉の翻訳を超えて、内容理解に即して掘り下げる必要があると考えている。

もちろんEigentumの二義性については、筆者の独創ではない。多少ともこの類いの言葉に親しんだ人なら分かっていたことだと思う。マルクスも『ドイツ・イデオロギー』で、デステュット・ド・トラシ（一七五四―一八三六年）の名をあげ、propriétéが「所有Eigenthum」と「特性Eigenschaft」の二つの意味で使われていることに触れている。しかしマルクスは、シュティルナーがこの二義性を利用して、経済学的諸事実を恣意的に処理し我がものにしていると批判するにとどまっている。[*37]

筆者が重視したいのは、人生行路における第二の自己発見の場面、つまり「精神」という「最初の自己発見」をなした「青年」が、空しく自己喪失に陥ったときに、生きるがままの自己を肯定し、エゴイスティックな関心を抱く「大人」となる場面である。シュティルナーは、この自己発見を「生身の精神として発見する」と語っていた。[*38] またこの人生行路が歴史における系統発生の過程に適用されたとき、精神と本質の王国が構築した聖なる教権秩序に対して、「生身」の自己は「それを自分のもの（*Eigenes*）とするのだ！」と宣言していた。[*39] 個体発生的な自己発見と系統発生的な自己発見との全体的過程を一つのものとして理解すれば、シュティルナーは「生身」の自己の立場から「精神」を自分のものとすること、いいかえれば自己のEigentumとすることを意図していると考えられる。そのかぎりでこの用語は、これまで翻訳者や研究者がそう訳していたように、さしあたっては「所有」

という伝統的な訳でよいということになるだろう。
それ以外にも社会的自由主義を論じた箇所では、「所有者 Besitzer」が「所有物 *Besitztum*」を「所持する *Haben*」あるいは「所持 Habe」[40]という用語を使って、Eigentum の用語を「所有」の意味で使用している箇所がある。所有物の平等を求める近代市民が、平等を求めるあまりかえって個人的所有をなくし、社会的所有を主張する場面である。たとえば「わたしたちは個人的所有（*Eigentum*）を廃絶するのだ」、「所有（Eigentum）は非個人的であり社会に属する」とか、社会という「この最高の所有者（*Eigentümer*）の前で、われわれはみな平等なルンペンなのだ」という場合である。[41]
しかし、社会的自由主義にとって光り輝くこの「所有」という用語の周りには、唯一者の「固有のありかた」が、縁暈《えんうん》のように息を潜め渦巻いている。そのことはこの著作の全体からうかがえる。つまり、シュティルナーが展開した「第一部　人間」の論述は、唯一者の自己発見の歩みを論究したものである。ちょうどヘーゲルの『精神現象学』が意識から始まり、自己意識、理性、精神へと展開され、最終的に精神が自己を絶対的なものとして自己発見していく歩みと同じように、第一部の展開は、唯一者こそが絶対的なものであることを、その逆接的弁証法によって明らかにしていくのである。[42]「第一部　人間」の第一章「I　人間の人生」は、まさに「自己を見いだし」「自己を手に入れ」ようとする戦いとして始まり、「われわれから分離されてわれわれの上に高められ」た、人間なる神を、唯一者としての「自己」に還元させることで終わる。その過程で取り上げられたあらゆる個体発生的で系統発生的な諸階梯は、自己発見と自己喪失の逆説的事態として描かれていた。そしてその逆説をその生身に負いながら、そのつどそこにおいて「エゴイスティック」として軽蔑され、無視されながらも、あるがままに生きている生身の個人の発見をしようとするものだったのである。逆説を生きながら倦《う》むことなく次から次へと自由を求め、自己を発見しようとする自己のありかたが、この著作の変わらぬ基調として描かれているのである。歴史的世界におけるこの自己のありかたこそが、「独自なありかた」という意味での Eigentum ではないだろうか。

そうだとすると、シュティルナーがフォイエルバッハの宗教批判の手法を援用して、人間なるものを自己のものだと、その「所有」を宣言し自己に還元するところに、唯一者の自己発見という振る舞いがあるのだということになる。したがって彼のこの主著は、自分自身が作り出した精神の世界のすべてを、唯一者である自我の「所有」として返還請求するとともに、それにとどまらず、そうした人間精神の歴史的営みを続けてきた、生きた具体的な身体を備えた自我としての、唯一者の「独自なありかた」を発掘するものだと解釈できる。繰り返し強調すると、「所有」宣言には、これまで教権秩序に頭を垂れて息を潜めていた唯一者が、その頭を擡《もた》げ始め、その「独自なありかた」を開示しているのである。このように考えると、Eigentum の用語の二義性は、用語が曖昧であるという意味での二義性ではなく、転倒し倒錯した事態を再転倒させることによって、自己を唯一者として発見するという方法論的意味があると、積極的に評価することができる。唯一者の自己発見という振る舞いをヘーゲル的に現象学的に考察することによって、これまでの逆接をおのれの生身に担って、歴史の転換を図る遂行者の歴史的自覚がそこにある。

このことを理解したうえで、「第二部　自我」における唯一者の立場を考察しよう。第二部は三つの章、「I　独自性 Eigenheit」「II　独自な人 Eigner」「III　唯一者」からなり、第二の章は「一　私の力」「二　私の往き来（Verkehr）」「三　私の自己享受」の三節に分かれている。*43

　この訳語について説明をしておく。片岡訳では「独自性」は「自己性」、「独自な人」は「所有人」、「往き来」は「交通」となっている。筆者はこの著作題名の Eigentum を「独自のありかた」と訳したことが前提となって、Eigenheit や Eigner を唯一者の自己発見の現象学的な歩みに位置づけて、Eigentum の発見に至る途上のものと考え、Eigen「独自な」という意味を重視し、それを組み入れて上記のように訳した次第である。また Verkehr は、「交通」という訳語のイメージが読者に分かりにくいことから、「交通、運輸」の意味と同時に「交際、つきあい」の意味ももつ「往き来」とした次第である。*44 実際シュティルナーは、この用語について「個別者の対立的相互性 Gegenseitigkeit、交渉 Handlung、交わり commercium である*45」と説明している。したがってこの用語は、個別者の振る舞いによる対立を孕《はら》んだ（Gegen-）相互関係を示す言葉と解釈できる。唯一者同士の往き来において成立するこの相互関係がどのようなものかについては、改めて次章で検討する。ここではただ、シュティルナーのエゴイスト論が唯我論と規定されると、この「往き来」が、従来とは異なる相互関係の新しいありかたを提起していることが、見失われかねないことに注意しておくだけでよい。

　シュティルナーは、第二部第一章の最初に、第一部末尾で論じた「自由な人々」に対して、君たちは、国家や社会や人間を通して望むものを「現実に所持しようとし、それらを君のものと名づけて、君の所有（*Eigentum*）として所有（besitzen）しようとしている」が、かえって逆にすべてを喪失したと、彼らの自由主義の歴史的倒錯現象を改めて指摘している。彼は、そんな彼らに対して「私が自由をどう享受するかは、私の独自性（Eigenheit）にかかっている」といい、また「君は一人の「自由な人」であるだけでなく、「独自な者 Eigner」でなければならないのに」とも語りかけている。[*46] つまり、第二部冒頭で、自由主義の立場の人たちが Eigentum を besitzen や haben として、要するに「所有」し「所持」しようと望んだことに対して、「独自性 Eigenheit」や「独自な人 Eigner」の用語を配して、Eigentum を「独自なありかた」が浮き彫りになるように、つまり唯一者の自己発見が行われるように導いているのである。

この自由主義の立場での「所有」あるいは「所持」と、唯一者の「独自なありかた」としての Eigentum の相違は、第二部第一章「I 独自性」においても執拗に議論されている。その章の最初から最後まで、「自由な人々」が求める自由の「所有」と唯一者の「独自性」とがどう違うのかを繰り返し論じたものである。前者の自由は、つねに「なにかから自由である」こと、なにかから「免れている」とか、なにかから「解かれている」こと[*47]、要するに「解放 Emanzipation」[*48] を求めるものとされている。

これは、フランクフルト学派に属した社会心理学者のフロムが『自由からの逃走』（一九四一年）で展開した自由論を思わせる。彼は、近代人がその消極性ゆえに自由から逃避し、その結果、「権威主義的性格」[*49] を生み出し、逆に権威に隷属したという近代的啓蒙の逆説を述べていた。[*50] フロムのこの主張を念頭においたとき、近代の自由主義が国家や社会や人間という幻想に自由を求めたが、それらが教権秩序を生み出し、逆に自己の自由を喪失したというシュティルナーの主張は、近代的自由という啓蒙の逆説を先駆的に摘出したものだと評価できる。しかしフロムは、フォイエルバッハとマルクスとニーチェに並べてシュティルナーの名前をあげ、彼らが「人間は、人間自身の展開とその幸福の外にあるような諸目的に利用されてはならないという考えを非妥協的に表現した」[51]と評価していたが、そこには「人間」や「その幸福」というフォイエルバッハ的で非シュティルナー的表現がみられる。また彼が、「何かからの自由 Freiheit von」つまり「消極的自由」に対置した「何かへの自由 Freiheit zu」つまり「積極的自由」[52]について、「人間の個体性を実現する自己規定への自由」とか、「統合された全体的人格の自発的活動」と規定しているが[53]、「自己規定」や「自発的活動」というシュティルナー的表現に、ここでも「人間」や「人格」というフォイエルバッハ的観念が混在している。さらに、「自発的活動」の内容が、「愛と生産的な仕事」および「すべての共同人間との積極的連帯」[54]という、これもまたフォイエルバッハ的で楽天的な人道主義的ヒューマニズムに終始している。筆者のみるところ、そこには、ユダヤ教のラビの家系に生まれ、フランクフルト学派の人々の中でももっとも厳格な禁欲主義的生活を営んだフロムが、根本的にエゴイズムを「一種の貪欲《どんよく》」[55]として拒絶する心性が現れているのではないか。こうしたことからみれば、近代的啓蒙の逆説的弁証法をフロムもシュティルナーも展開しているのだが、それより一世紀前の後者の先駆的主張には、前者の主張をも葬り去る徹底さがあるといえる。

　筆者は、シュティルナーが近代自由主義に通底する精神、本質、人間なるものを批判する視点を次のように理解している。つまり、「なにかから自由であること」、なにかから「解かれている」ということは、その解かれるべきなにかが自己の外にあって、それを自分が所有したいと望むわけだから、その外にあるなにかが、自己の自由のありかたを基礎づけていることになる。そうした「解放」に対してシュティルナーは「自己の自由化 Selbstbefreiung」を対置した。[56]唯一者の積極的な自由のありかたは、政治的自由主義批判の箇所でいわれていたように、「諸行為がすっかり私のものになる完全に自由な自己規定」[*57]であった。自己自身が自由に自己を規定するものである。彼は、この「完全に自由な自己規定」を奴隷の自由のように「即自的 an sich」、あるいは「内面的」な自由であると解釈することに反対し、そのように自由を理解することは「極めて明白陳腐なこと」だと揶揄《やゆ》し、それに対し「私は、まったくもって独自（eigen）で私独自（*mein eigen*）なのだ」とも[*58]、「生まれつき自由な者」あるいは「根源的に自由」だとも語っている[*59]。ちょうど、サルトルの対自存在のありかたが牢獄の中での囚人の内面的自由ではなく、つねに対自に纏わりつく、即自としての事物存在との「総合的結合」[*60]によって理解されねばならないように、シュティルナーのいう「独自性」は、内面的であると同時に、唯一者の「往き来」という対立的相互関係によって、外面的にも「完全な」自己規定によって成立するものと考えられているのである。そして、この相互関係においても、この自己規定の完全さを基礎づけるとともに、そこに貫ぬいているのは、自由主義がいう「解放」と対置される「独自性」について語られている「力」の観念なのである。

それに対して独自性とは、私自身である私の全存在にして現存である。私は解かれているものから自由であり、私は、私の力（*Macht*）のうちにあるもの、私が力で意のままにしている（*mächtig*）ものからなる独自な者（Eigner）である[*61]。

たとえ私が「身体を備えた自我」であろうが、「有限な自我」であろうが、「はかない個別的な自我」であろうが、[62]私は「力」とその働きによって自己規定を行う者として「独自な者」だといわれている。ではさらにこの「力」と「独自なありかた」とはどう関連しているのだろうか。彼は、それを第二章「Ⅱ　独自な者」の最後に次の三つのテーゼにまとめている。①「私の力が私の独自なありかたである」、②「私の力が私に独自なありかたを与える」、③「私の力は私自身であり、私はその力によって私の独自なありかたである」[63]。ここには「独自な者」という言葉は出ていないが、次のように、つまり、力による自己規定こそが「独自な者」なのだから、どのようにその力を発動させるのか、自己規定のその独自な働きにおいてこそ、「独自な者」の「独自なありかた」が成立すると考えてよいだろう。「力」によって「独自なありかた」をする「私」こそ、エゴイストであり唯一者と呼ばれるものなのである。それは、「容赦なく極めて無際限に――脱神聖化（*Entheiligung*）を完遂する。彼にとっては何も神聖ではないのだ！」[64]と語られているように、自由主義の精神が理想や本質として掲げた一切を、また国家や社会や人間なるものが創出した神聖な教権秩序を脱神聖化する否定的な威力を行使するエゴイストなのである。フランクフルト学派にとって啓蒙は、「世界の脱神話化 Entzauberung」[65]と呼ばれる倒錯的な文明の歴史であった。彼らに先行したシュティルナーにとっては、「脱神聖化」による唯一者の自己発見の旅程、常に「無際限」の過渡であり続ける旅程であった。

筆者はここまで、Eigentum の用語の二義性をシュティルナーの曖昧さとはせずに、唯一者としての自我の自己発見に必要な用語だと解読してきた。自己発見と自己喪失の逆説的事態を再転倒させ、一切を脱神聖化する力の行使者こそ、エゴイストであり唯一者であった。残された次の最後の章で、フォイエルバッハのエゴイズム論とシュティルナーのエゴイズム論を、両者が相互関係をどう考えているのかを念頭に比較を行う。

第五章　エゴイストの往き来と創造的無

一　創造的無とは――歴史哲学の観点から

「エゴイストの往き来と創造的無」と題して、エゴイストの「往き来」のありようについて議論する前に、シュティルナーの著作で残った部分に対する見通しをたて、この著作の最後で、唯一者が創造的無とされていることについて検討しておこう。「第二部　自我」の第二章「Ⅱ　独自な者」、第一節「一　私の力」は、第一部での自由主義批判の論述を踏まえて、権利や法や国家について、力の行使者としてのエゴイストの観点から批判したものである。そこでは権利の平等とか財産の平等とか、平等な労働と享受、出版の自由、刑法と犯罪、国家と個人の関係などについて具体的な議論が展開されている。そして『唯一者とその独自のありかた』でもっとも分量が多い箇所である第二節「二　私の往き来」では、前節で取り上げられた内容の再論を通して、エゴイストの立場で展開される「往き来」がどういうものかが論じられていく。特にエゴイストの「連合」と家族や社会や国家や党派との違いや、フォイエルバッハがいう人間とエゴイストとしての唯一者との違いや、前者のいう愛とエゴイストの愛との違いといった論点が、筆者の考察にとって重要となる。そして最後に、世界をエゴイストのEigentum（「所有」）および「独自なありかた」）であるという主張の意味が論じられ、エゴイストのいう「往き来」が、自己を享受するとともに世界を享受することだと結論づけられ、第三節「三私の自己享受」に移る。エゴイストが自己の生を享受し世界を享受するという見方は、人間の精神の王国が支配してきた歴史を転換する遂行者の位置に、エゴイストとしての唯一者を立たせることになる。なぜなら、人間なるものによってその歴史過程において案出されてきた精神の教権秩序が、それを案出し創出してきた個人を、逆におのれの既成秩序を守る道具として利用し支配してきたという、その倒錯ぶりが暴露され脱神聖化されるからである。そして、この倒錯的事態の歴史的自覚によって、逆に世界が自我の独自なありかたの素材となって現れ、第一章で紹介したゲーテの詩「空《くう》の空《くう》」にあった言葉、つまり、「だから世界はおれのもの」という一句を受けて、世界が自我に属するという主張が展開されるのである。さらに最終章「Ⅲ　唯一者」では、第一章で論じられた人間の歴史過程を振り返りながら、唯一者が世界歴史を自分自身の独自なありかたとして所有すると結論づけられる。世界とその歴史を、唯一者の独自なありかたにするという歴史哲学が語られているのである。

「唯一者においては、独自な者でさえ、自分がそこから生まれてくる創造的無に回帰する」[*1]というよく知られた一文が、その歴史哲学の頂点に掲げられている。人間がその歴史過程において自ら創出したものが、逆に創造した自己を支配するようになったという近代啓蒙の逆説的弁証法を批判し、この逆説と倒錯を再転倒するという歴史的意識が、シュティルナーのこの著作の後半部を貫いていることになる。彼が最終的に表明した「創造的無」をどう理解するかについても、こうした歴史哲学的問題意識から解明することが妥当である。この章でエゴイストと連合の観念を、フォイエルバッハとの比較で考察する場合も、同様である。「創造的無」について語られたあと、最後に序論冒頭に掲げられていた「私は私の事柄を無の上にすえた」という一文が再掲され、ここでも同じくゲーテの詩句「一切は空だと見定めた」を暗示しつつ、この著作が締め括《くく》られている。

この無についてはフォイエルバッハからの反論がある。それは、第一章で紹介した『ヴィーガント四季報』編集者ヴィーガント宛ての書簡で、近く送るといっていた評論[2]、つまり「シュティルナーの「唯一者とその独自のありかた」に対する関係における「キリスト教の本質」について」（『ヴィーガント四季報』第二巻、一八四五年）である。フォイエルバッハは、主語としての神を人間に還元したが、人間の本質として神の述語を残したではないかというシュティルナーからの批判に対して、「無も神の述語ではないのか[3]」と、君もそうだと反論している。またイエス・キリストが「唯一の個体」であり天上の唯一者であるように、シュティルナーの唯一者も唯一の個体であり「地上の唯一者」であると、そのキリスト教的残滓を指摘したものである。[4]フォイエルバッハからのこうした反論に対して、シュティルナーは、評論「シュティルナーの批評家たち」（同上、第三巻、一八四五年）で再批判をしている。彼はフォイエルバッハが「無」を神の述語のような形而上学的概念と理解しているといい、一切の私の事柄を無の上にすえる唯一の個体は、イエス・キリストのような「神聖不可侵な個体」でも「排他的で比較できない個体」でもないと強調し、自著の第二部第二章の第一節「一　私の力」での最後の叙述を参照するように求めている。

それはどういう箇所か。シュティルナーは、この第一節「一　私の力」において、自由主義が主張する「社会の精神[5]」としての「権利」概念を批判的に取り上げていた。そのさい彼は、便宜的に自由主義的権利概念に「私の権利」という誤解を招く表現を対置してきたことを、これからはしないと決別している箇所である。つまり「権利」というと、自由主義の立場から権利要求が出され、社会的に承認され、法として国家によって施行されるのだが、そこに逆説が生じることになる。彼によれば、それが自然によって与えられた生得の権利にしても、人間の本質による人道主義的権利にしても、神の前での平等の権利にしても、宗教的あるいは政治的権力者が認容する限りで与える権利などにしても、「権利はなんらかの精神によってのみ授けられるもの」とされているからである。しかし「私の権利」は、そうした授けられる権利ではなく、「権利を与える精神なしに」「権利なしに」、ただ私の「力」によってのみ私が所持するものだから、私自身がそういう「力と威力ある者」だということになる[*6]。したがって、フォイエルバッハが批判したのとは違って、唯一者は権威ある者によって聖化されたり聖別されたりする「神聖不可侵な個体」である必要はもともとないことになる。

「力 Macht」とか「威力 Gewalt」といっても、それらの言葉は唯一者の「概念」や「本質」でないことに注意が必要である。仮にそう考えるとすると、自我には本質的なものと本質的でないもの、完全なものと不完全なものとの序列が生じ、前者に向かうことが後者の目標や理想、課題や当為や義務などになって、上からの道徳的権威となり、個人は、精神を案出した人間がその教権秩序に平伏したのと同じことを、果てしなく繰り返さなければならない羽目に陥るのである。シュティルナーにとって私とは、「名づけられぬもの」であり「考えられぬもの」であり「概念によって把握しえぬもの」である[*7]。この生身の私の「ひと押し」「手足のひと伸ばし」が「宗教的世界の悪夢を胸から投げ飛ばしてくれる」ことに、彼は、第一章で紹介したゲーテの詩、「空の空」にあった歓喜の叫び声「ああいい気持ち（Juchhe）」を使って、その意義を高らかに謳いあげている。*8

こうしてみると、唯一者が「創造的無」であるという場合の「無」は、言葉や概念によって名づけられないから「無」としかいいようのないものだということを表している。またその無が「創造的」とされる理由はどこにあるのだろうか。これまで述べてきたように、精神が創出した教権秩序が、個人を受け入れ認容し尊重するようにみえながら、その実、逆に権威ある秩序がその既得の権利と既成の秩序とを維持するために、個人を手段道具として利用してきたのである。この歴史的倒錯に対して、生身のエゴイストが「ひと押し」「ひと伸ばし」して抗い、その抵抗する自己の力を享受することによって、世界とその歴史を享受するからこそ、創造的なのだということになる。自己を享受し世界を享受することが唯一者の生の享受であり、それこそが創造的な力なのである。

「創造的な無」という宣言には、生身の自我が身体をよじって苦悶し、手足を突き出して反発し抵抗し抗議することによって、啓蒙の弁証法の倒錯現象を暴き、まさにその身をもって精神の王国による支配を再転倒するという、歴史的転換期に生きる姿が描かれているのである。そしてまたそこには、人類史始まって以来道具として扱われ抑圧されてきた唯一者こそが、その歴史的転換を遂行するのだという歴史的自覚が表現されているといえる。

二　エゴイズムと愛をめぐって

前章の冒頭節で触れたが、フォイエルバッハはシュティルナーへの反論において、個体であることをエゴイストであるとともに「共同主義者*Kommunist*」であることだとしていた。[*9] この理解の仕方は、表現こそ違うが彼の生涯を通して一貫したものであった。たとえば教授資格申請論文『一なる普遍的無限的理性について』（一八二八年）では、「私は思惟するかぎり、個体であることをやめる、即ち思惟することは普遍的存在と同じものだ」とか、「自我であると同時に他者である」とか、「私はすべての人と一つである」とか「自我はすべての人間である」と、思惟を類としての人間の働き、普遍的無限的理性の働きとしていたのである。[*10]

またシュティルナーに反論したあとに、『宗教の本質』（一八四五年）と同時期に書かれた「『宗教の本質』への諸補遺と諸説明」（一八四六年）で、「生命はエゴイズムである」といわれる場合も、個人としてのエゴイズムではなく、「人間の生命愛、自己愛、エゴイズム」が考えられていた。[*11] また『宗教の本質についての講演』（一八五一年）の「第七講」でエゴイズムに触れたとき、人間の依存感情の対象である動物への崇拝に「人間的あるいはエゴイスティックな根拠」があることを認めているが、その場合のエゴイズムは、有機的生命維持の働きとしてのエゴイズム、つまり「必要不可欠のエゴイズム」、「それなしには人間が全く生きていけないエゴイズム」という意味で使用されている。また、「神学的な偽善や宗教的で思弁的な幻想や政治的蛮行と専制が人間に対して立てる一切の非自然的で非人間的な諸要求に対して、人間が自己自身の価値を妥当させ自己自身を主張する」ことも、エゴイズムとして承認しているのである。[*12] フォイエルバッハが招かれて一八四八年十二月一日から翌年三月二日まで、ハイデルベルクの講堂で開催されたこの連続の公開講演は、四八年三月革命の高揚期に、集まった学生や労働者に対して行われたものである。それだけに彼としては珍しく自分の宗教批判の意義を政治的文脈で展開したものだといえる。宗教や政治に対して「自己自身の価値を妥当させ自己自身を主張する」ことは、シュティルナーと似ているが、「人間が」といわれているところが、彼と違うところである。人間の自己には、何度もいうようだが、自然に対する関係と他者に対する関係と自己自身に対する関係が相互媒介的に、その存在論的構造の諸契機として含まれているのである。そして、フォイエルバッハが主張するエゴイズムは、「人間に対立する人間のエゴイズム」ではなく、「他の人間に対する愛」であり、「自分と同類の諸個人に対する個人の愛」だとされているのである。[13]本著第三章で紹介した森政稔がいうように、それはまさに「類のエゴイズム[14]」であり、筆者の言葉でいえば、人間的現存在の存在論的構造として、自然や他の人間や自己自身とに対する振る舞いにおいて成立するエゴイズムなのである。

また晩年の『唯心論と唯物論に関して――特に意志自由との関連で』（一八六六年）の「一五　観念論批判」でも、「私は主観から自我から出発しなければならないという点で観念論に同意する」としながらも、本質的対象に対して関わる主観のありかたを、ネズミをとる猫、つまりネズミ猫や、宿根草のトウダイグサを食べる毛虫や葉ジラミを例として説明し、主観が「主観―客観」であり、客観が「客観―主観」であり、そして自我が「汝―我」であり、人間が「世界人間あるいは自然人間」であると、他者と自然に対する振る舞いによって自己自身に対して振る舞うという対象的存在としての人間の存在論的構造を主張している。[15]

こうした見解は、なにも晩年のフォイエルバッハが到達した見方ではない。トウダイグサ毛虫の例は、すでに第三章四節で紹介したように、『キリスト教の本質』の序論草稿に含まれていたように、彼にとっては一貫した見方であった。[16] さらにもっとそれ以前にも、たとえば『死と不死の諸思想』（一八三〇年）の頃と推定されるダウマー[17]宛ての書簡（書簡番号469）[18]では、次のように語られている。

いったい神的に充実し自立した生命は、同時に絶対的な欠如、飢え、要求、依存性、非有機的なものによって規定された存在ではないでしょうか。いったい生命は、機械的、物理的、化学的諸展相、諸過程あるいは諸契機の統一ではないでしょうか。それらの諸契機は、有機体の外で特に自立した実在性と形態をもち、それゆえにまたそれらが特殊化し有機体に変容する場合においてさえ、両者の統一において、解消分離の原理を含んでいるのではないでしょうか。[19]

この考えは、死の原理は有機体にはないというダウマーの主張に反論して、「すべての死は自殺である」[20]というテーゼを対置して、無機物に依存する有機的生命のありかたに、両者の統一と分離の原理があり、そこから「類的生命」に死が内包されていることを論じたものである。彼は、「自然におけるそれぞれの生命は特定の類的生命であり、特定の生命度をもつ」と考えており、「この生命度がその生命の類あるいは自然と、その目的と一つであり、その現存の始まりにして終わりである」と考えていたのである。[21] この「生命度」という観念は、『死と不死の諸思想』において展開された歴史としての自然、つまり自然史の思想において、重要な役割を与えられていた。それは自然によって生み出された個体の生の原理であるとともに死の原理であった。[22] 実際には送付されなかったこの書簡では、生命の死の問題に焦点があてられているが、それを取り上げるにあたって、対象としての無機的なものに対する、主体としての有機的生命の振る舞いという、類のありかたの問題として取り扱われているのである。

このようにフォイエルバッハは、表現こそ異なるものの、対象的存在の論理から一貫して主観や自我を、自己と他者、我と汝、自然と人間との共同構造の観点から捉えており、エゴイズムの用語も、このような類的生活の共同性の枠組みの中に納められている。こうしてみると、シュティルナーとフォイエルバッハは、自我とかエゴイズムという同じ言葉を使用しながら、それを使用する背景が全く異なっているといわねばならない。前者が人類史における啓蒙の逆接的弁証法を暴いて、それを唯一者の立場から批判的に転倒しようとしているのに対して、後者は人間的現存在の対自然、対他、対自己の生動的な構造連関を、対象的存在として振る舞う人間の学として展開しようとしていたのである。だとすると、シュティルナーが筆鋒鋭くフォイエルバッハを論難した背景には、前者の歴史哲学的問題意識がからんでいると考えることができる。前者からすれば、後者の類としての人間の本質という観念が、抽象的であるというだけでなく、カントの類概念の影響を色濃く受けた進歩的な啓蒙的歴史観であることこそ、克服されるべき幽霊とされていたのである。『唯一者とその独自のありかた』という著作は、まさに諸個人がその歴史過程において、創出するとともに創出したものを喪失していったという、精神なるものの倒錯現象そのものを、生身のエゴイストの反発する力によって、一挙に葬り去ろうという宣言だと解することができる。

シュティルナーは、神が愛であるというキリスト教の言説を、フォイエルバッハが主語と述語の転倒によって、愛それ自身が神聖だとして、信仰を破壊したが、その後に「愛という安全な港」に入ろうとしていると批判している。[*23] それに対してフォイエルバッハは、「私を満足させるもの、私を幸福にするものだけを愛することができる」と、愛が「エゴイスティック」であることを最初に認めながらも、次に「我欲的利己的な愛」と「非利己的愛」の区別を立てて、シュティルナーに反論している。つまり、前者の愛にとってはその対象が高級遊女であり、低い享受のために高い享受を犠牲にするが、後者の愛にとっては君に愛されているものであり、高い享受のために低い享受を犠牲にするというのである。[*24] こうしたフォイエルバッハの反論からわかるように、彼のいう人間には分裂とまではいわないまでも、二元的な位階が置かれている。利己的で非道徳的な非人間的な次元と、非利己的で道徳的な人間的次元の位階である。これは、カントが「啓蒙とはなにか」で、「啓蒙とは人間が自分自身に責めある未熟状態から抜け出ることだ[*25]」と語ったように、人間の自己形成、教養としての啓蒙の立場の人間観だといえる。カントの類概念に影響されたフォイエルバッハには、歴史過程において人間がその未熟な状態から進歩していくという、啓蒙的人間観に固有の二元的位階が引き継がれていたのである。

シュティルナーは、「シュティルナーの批評家たち」(『ヴィーガント四季報』第三巻、一八四五年)で、フォイエルバッハの二元的人間観に対して、「彼は人間的本質を上位の崇高な本質にする」と批判し、「本質」について次の考えを提示している。「君の本質は高次の本質ではなく、君より高くて普遍的な本質ではなく、君が本質なのだから君自身のように唯一なのである」という一文がそれである。[*26] ここで使われている「本質 Wesen」というドイツ語には、「存在者」という意味もあり、シュティルナーはその二義性をここで上手く利用している。つまり人間の精神が作り出した「本質」の王国を、一方では彷徨《さまよ》う「幽霊」だと揶揄し、他方では唯一な「存在者」としてWesenという言葉を生かしているのである。上記の引用文中の「君が本質なのだから」は、「君が存在者として本質なのだから」と意訳すればわかりやすくなる。シュティルナーは、存在者に本質的なものと非本質的なものを二元的に区別するフォイエルバッハ的立場を採らず、力による一元論によって、生身の存在者そのものを本質と考えろ、それが唯一者だと強調しているのである。

他者に対する愛についての二人の表現には、似たところがあることに気づく。他者の喜びや苦しみを自分の喜びや苦しみとし、そういう他者が存在することを自分の喜びとし、存在しないことを自分の苦しみとするという点では、フォイエルバッハもシュティルナーも変わらない。[*27] しかし前者はこの場面でも、愛に「我欲的な愛」と「真実に人間的な愛」を二元的に区別している。[*28] 彼にとっては、愛の喜びも苦しみも人間的現存在の共同的構造に基づく「共同感情」「共同苦悩」[*29]であり、愛するという他者に対する振る舞いにおいては、この共同性から抽象された「自分のエゴイスティックな自立性を断念し、自分が愛するものを自分の実存に欠かせぬ本質的なものにする」[*30]という立場である。それに対してシュティルナーは、愛する者の喜びと苦しみに対する「共同感情」を認めても、人間なるものの共同性、この本質を称揚することは決してない。「エゴイズムの意識で愛する」といわれるように、愛するものの喜びを喜びとし、苦しみを苦しみとすることによって、自分自身が幸福となり自己を享受することに主眼が置かれているのである。[*31] シュティルナーは同じ用語を使いながら、愛に共同性の基礎を求めて自己の利己的感情を乗り越えようとするフォイエルバッハの道徳的主張を、エゴイストの自己享受に還元したのである。

愛にもとづく人間的現存在の共同性を考える時、ブルックベルク城でベルタ・レーヴとの結婚生活を貫き通したのがフォイエルバッハだとすれば、マッケイが紹介するように、シュティルナーの結婚生活は不幸なものだったことが思い出される。最初の結婚相手アグネス・ブルツは一年にもみたないうちに、早産によってその子とともにこの世を去った。また再婚したマリー・デーンハルトに対してシュティルナーは、『唯一者とその独自のありかた』でその名を掲げて献呈するほどであったが、二人の間には子供もなく、三年もたたないうちにマリーはロンドンに去って行った。そして晩年回顧するところでは、彼女は、シュティルナーが財産を浪費するだけだったと、あまりいい思いを抱いていない。[*32]

人間にある本質としての類が人間から切り離されて、人間ではない神として対象化され、逆に人間を支配するようになったというフォイエルバッハの宗教批判は、人間が「二つに分裂すること」、あるいは人間が「自分自身の本質と内部分裂」するということを前提している。[*33] 人間のこうした二元的な自己分裂が、転倒した人間の自己意識を生み出したというこの宗教批判の論法を、シュティルナーは巧みに歴史過程において個人を支配する精神の王国への批判に援用したのである。個人から切り離されて彷徨《ほうこう》する人間なるものという本質、この幽霊こそ、「自由主義者の最高の本質」であり、その本質を実現することが、人間にとって「召命―使命―課題！」になるというわけである。[*34] 前者の宗教批判の方法を使って、歴史過程における本質の王国である精神の倒錯を描いたシュティルナーからすれば、フォイエルバッハの二元的な人間観そのものに、この倒錯の主要な原因が潜んでいるのに、彼はそれを自覚せず、個人に真性の愛に基づいて道徳的に自己を形成していけ、という啓蒙的進歩の歴史を求めるだけにとどまったということになる。

三　エゴイストの往き来

人間的現存在の共同構造を支えるフォイエルバッハ的な愛と、エゴイストが自己享受を貫く愛とが異なるのは、前節でのべたように、人間のなかに本質的なものと非本質的なものを分けるフォイエルバッハ的二元論なのか、それとも生身の力によるシュティルナー的一元論なのかという違いがあった。これらの違いは、人間相互の関係についても生じてくる。

シュティルナーは、従来の往き来が愛に基づいているという。彼はそうした愛を「互いに他者のためにする行為 Füreinandertum」[*35]と呼んだ。それに対して、エゴイストの往き来を彼は「対立的相互関係 Gegenseitigkeit」[*36]と呼んで区別した。どちらにも相互性が認められるので、相互行為とか相互関係と訳されがちであるが、互いに Für-（他者のために）なのか、互いにエゴイストである自己のために他者と Gegen-（対立して）なのか、という顕著な違いがある。彼が前者を広間や刑務所の例を出して説明するとき、そこには社会や仲間や共同性があるが、「往き来 Verkehr」がない、「連合 Verein」がないと批判している。その場合の往き来は、この「対立的相互関係」の意味で使われている。[*37]

シュティルナーによれば、たとえば家族愛によって結ばれる家族共同体は前者であるが、ロメオとジュリエットのように、その成員が家族の利害に反抗して私的利害を追求するとき、また家族からは望まれぬ人物と駆け落ちするとき、それはもはや家族のためにするという相互的行為ではなく、対立的関係に移行しているのである。[38]

また国家の場合も同様である。そこでは万民が「互いに他者のための存在 Füreinandersein」となり「互いに他者のための生活 Füreinanderleben」を送る愛の共同体であるという虚偽意識として国家観が成立している。彼は、それを従属と依存が織りなす「共属態」の秩序「依存の秩序」と呼び、国家権力によって配慮された秩序において、つまり、同じ教育や法や言語によって教養を身につけた万民が「家畜のような烏合の衆 *Herde*」と化すと批判している。ただ指導者による支配を待ち望む、ニーチェがいう畜群としての末人の群れなのである。ひたすら消極的自由に安逸を貪《むさぼ》り、服従と支配を志向する、フロムがいう権威主義的性格をうむ社会的心性なのである。シュティルナーは、今日国民国家論といわれるテーマ[39]を先駆けて論じており、国民国家といわれるものが、国家に合わせた文化や教育や法や宗教などと与えることによって、共棲しあう家畜の群を配慮し、それらを道具化し、既成の秩序としてそれらの上に君臨すると断罪しているのである。[40]

フォイエルバッハが語ったような愛にもとづく人間的現存在の共同構造が、そのまま家族や社会や国家からなる歴史的世界において主張されるとき、他者のためにするその共同的な相互行為は、歴史的世界の対立的相互関係を隠蔽《いんぺい》し、かえって事態を転倒させ、個人が道具化されかねない。

それに対して、連合と呼ばれる対立的相互関係としての往き来は、「すべて存立するものをつねに流動的に結合すること[41]」とされている。対立を前提しながら相互に結合するという関係である。彼が例とした党派の場合も、目標の同一性がある限りで連合が組織されるが、唯一者がその党派の有機的組織の成員であるというのではない。党派の規定によってなんらかの拘束が課せられるとき、唯一者は「自由に自分を結合し、そして再び自由に自分を分離する」[*42]といわれるように、唯一者の自由意志による結合分離が前提されているのである。

こうした事例についての言明は、自我の独自のありかたによって世界が自我に属するという主張に収斂《しゅうれん》していく。もちろんこういっただけでは、シュティルナーはそれが「空文句」であることを知っている。彼がそう語ったのは、支払い手段として労働を持ち出したヴァイトリンクを批判したときである。各人の能力に応じた支払いというヴァイトリンクの発想には、だれがどうそれを判定するかという問題がつきまとっている。シュティルナーは、もし社会という他者が判定するのであれば、その社会的所有を自分は尊重しないという意味で、世界が自我に属すると語っている。その限りでは、この言明は空文句ではなく意味をもつのである。[*43]いいかえれば、「世界が自我に属する」という宣言が意味をもつのは、つねに自分の力によって自分の価値の充実を図り、世界が自己以外のものの力に属し、それによって自己が支配されることを拒み、ひたすら自己を楽しみ自己を享受する場合である。その限りでのみ、世界がエゴイストである自我に属するとされるのである。[*44]

「往き来」について取り上げられた、さまざまなこうした事例は、世界との往き来が世界を享受するエゴイストの生の享受であり、世界との往き来において、その生を享受する独自なありかたこそが、シュティルナーのいうEigentumだということを示している。[*45]彼はその結論を述べる前に、これまで批判してきた宗教的世界観と、精神が掲げた本質としての人間観との違いを、次のようにまとめている。

したがってこういうわけで、世界に対して振る舞う私の関係はこうだ。すなわち、私はもはや

《神のために》なにもせず、《人間のために》なにもせず、私がすることを《私のために》するのである。[*46]

この場合の《神のために》も《人間のために》も、単なる哲学的な概念を批判しているのではない。それは、神や人間なるものを創出して、生を気遣ってきたこれまでの歴史が批判されているのである。「三 私の自己享受」冒頭でいわれているように、神と人間とから《私のために》への「ひとつの時代の境目[*47]」にわれわれが立っているという、転換期の時代を生きる歴史的意識に基づいた批判なのである。しかしこの歴史的意識は、神による摂理史であれ人間による進歩の歴史であれ、人類の堕落や未熟さといった過去を背負った意識でもなければ、召命や使命、当為や課題や教養を積むといわれる場合のように、未来に生きる意識でもない。私の内なる力は、堕落や未熟さをこれまでの過去的なものとして葬り、克服すべきだと励まされて強化されるのでも、使命や課題であるからといって義務感によって未来へと鼓舞されるものでもない。自己の内に想定された本質的なものとそうでないものとの二元論にあれこれと思い悩むことはもはやない。シュティルナーがいうようにその生身の力を「現在において[*48]」行使すればよいだけである。過去から現在へ、あるいは未来から現在への因果的あるいは目的論的で水平的な時間軸が、自我の歴史的行為を成立させるのではなく、ただ力を思うがままに発現させる生身のエゴイストの現在的行為のみが、シュティルナーの歴史哲学における歴史的行為であり、その歴史的現在の行為のみが歴史的時間を、歴史を成立させているのである。次の言葉はこのことを語ったものである。

個人それ自体が一個の世界史であり、残余の世界史において自分の独自なありかたを所有する（sein Eigentum besitzen）という事実、このことがキリスト教的なものを超えるのである。[*49]

ここでいわれている「キリスト教的なもの」とは、天上と地上を問わない。キリスト教的世界観だけでなく、神を人間の本質に還元したフォイエルバッハの人間学をも含んでいるのである。したがって、カント的でフォイエルバッハ的な啓蒙的な進歩的歴史観のように、過去から現在へ現在から未来へと流れる水平的な歴史観におけるように、過去的あるいは未来的に現在の行為が規定されたり使命が与えられたりすることはない。このことを考えるとき、ブロッホ（一八八五―一九七七年）が「非同時代性と陶酔」で述べた次の文章は、もともとの文脈とは異なるにしても、シュティルナーの「個人それ自体」を「一個の世界史」とする現在的行為にこそふさわしい。

せいぜいそのために役立つことがあるとすれば、過去と未来を現在のなかに置くことによってはじめて過去からそのなかでなお可能な未来を解放するようなひとつの同盟であろう。[*50]

この文章の文脈について簡単に説明しておこう。ブロッホは、ナチズムの時代の問題を、シュティルナーが生きた四八年三月革命前の十九世紀のドイツ的惨めさも視野に入れて議論していた。そのさいに彼は、ヨーロッパが資本主義的生産に基づく政治的社会的文化的な構造変革の時代にはいったことを「同時代性」という用語で示し、ヨーロッパの後進国としてのドイツが、未だ多くの領邦からなる封建的制度に支えられていることを「非同時代性」という用語で表現した。引用文冒頭の「そのために」は、この非同時代的な矛盾が質的に転化し、革命的な飛躍が生じるためにという意味である。ブロッホ自身は、この引用文において接続法で語られた仮定の希望を、文字通り弁証法的な唯物論者として、労働者階級に託しているのであるが、そうした希望とは無縁のエゴイスト・シュティルナーに寄せて解読すると、「過去と未来を現在のなかに」置いた歴史的行為によって、「過去から」「可能な未来」として唯一者の自己発見がなされることが期待される。この場合「過去から」といっても、それは私の過去として、私の上にすえられた過去として、現在化された過去である。また引用文中の「同盟」は、反ファシズムの同盟と読めるが、ここではエゴイストの連合と読み変えて転用した次第である。過去の啓蒙的な逆接の弁証法を示してきた人間の歴史は、自我の「独自なありかた」によって、その所有が宣言され、世界史は自我に属することとなり、自我は「一個の世界史」を成立させる現在的行為において、その力によって常に脱神話化を図る「創造的無」として歴史を果てしなく過渡的に生きるのである。

四　さいごに

シュティルナーについては、アイスラーの『哲学諸概念辞典』のように、「最も首尾一貫したエゴイストの一人がシュティルナーである*51」といった評価がよく行われている。またレーヴィット（一八九七

―一九七三年）がブルーノ・バウアーと並べてシュティルナーについて「哲学をラディカルな批判主義とニヒリズムのなかで野垂れ死にさせた」[*52]と語ったように、ニヒリストという評価も同様である。またパターソンも、シュティルナーにおいて自我や連合の同一性が選択される場合、それが連続的な分裂を孕《はら》んだ同一性の選択であるために、「ニヒリスティックな自我主義」だと評価している[*53]。

レーヴィットはまた、シュティルナーの思想について、世界史を絶対的理念の自己実現過程として考察したヘーゲルの歴史哲学に対するひとつの帰結だと位置づけている[*54]。その点では、シュティルナーが人間による啓蒙の歴史の倒錯を、生身の個人の力の行使によって転換しようとしているところに、彼の歴史的意識があることを強調した筆者も同意できるものである。しかし、レーヴィットはマルクスの『ドイツ・イデオロギー』でのシュティルナー批判に同意して、そのエゴイズムについて「ブルジョワのエゴイズム、私人、私的所有を絶対化し、エゴイストというもの、唯一者というもの、所有というものという《カテゴリー》にしている」と決めつけている[*55]。この断言は、シュティルナーのいうEigentumの用語を、物件を所有するという財産の意味で解釈していることを示している。しかしシュティルナーがいうように、それは私の外部に存在するいかなる「物Ding」[*56]でもない。筆者が繰り返し述べたように、そうした外部のものに対する生身の私の振る舞いという、私の「独自なありかた」としてのEigentumであった。人間による啓蒙の歴史が生み出した倒錯、逆接の事態によって堕落し、従順な烏合の衆と化した大衆を、あるいは大衆的な自己を再価値化する試みであった。その意味ではヴィンデルバンドの指摘は妥当と思われる。彼は、シュティルナーの評価が激しい毀誉褒貶《きよほうへん》を経ていることを指摘しながらも、そこに「大衆によって窒息させられた個人の救いを求める叫び」があることを重視しているからである。[*57] もはや理想に生きるのでも、現状を無批判的に肯定するのでもなく、ただ生身の自己の振る舞いを規定する根拠を、自己と無縁の他者に求めるのではなく、自己自身のなかに求めるのである。そういう独自な者としての自己を自覚したのがエゴイストとしての唯一者であった。

筆者は第一章で、『唯一者とその独自のありかた』の多くの引用文の出典を注記したカスクの注釈書を参考にして議論を始めた。そのカスクは、その博士論文『マックス・シュティルナーの哲学における「唯一者」という主題設定』(一九七七年)で、シュティルナーが永続的に自己を定立しながらも、同時に永続的にその定立を廃棄していること、「言語の反理的な脱価値化と言語内容の破壊」をしていることに注意を促している。[*58] つまり、その言語表現の既存の意味内容をずらして破壊しているために、読者は間違った推理へと誘われてしまうので、注意して読む必要があるというのである。筆者もこの見解に同意する。彼はその注釈書の最後で、これまでシュティルナーに対してなされた典型的な五つの誤解を挙げて反論している。その誤解とは次の五つである。

① 極端で容赦ないエゴイズムの代表である
② ラディカルな唯我論の代表である
③ ラディカルなニヒリズムの代表である
④ 殺人、近親相姦、偽証を正当化している
⑤ 重要でないし、興味がないし、現実性がない[*59]

筆者はここでこれらの誤解のうち、本著で展開した議論と密接に関係する最初の三点を取り上げて

おこう。そのさいに、こうした批判に対するカスクの反論にもふれながら、本著で論究した内容をまとめることにする。

まず第一点。カスクはシュティルナーのいうエゴイズムが、他人から押しつけられた利害を代表するのではなく、自分自身の利害を代表せよという訴えであり、各人それぞれが唯一者だとしている。*60

筆者もまた、そのエゴイズムが他者との相互関係を無視するエゴイズムではなく、他者との「対立的相互関係」の立場に立つとした。シュティルナーがこの対立的契機を強調した理由は、「互いに他者に対する相互行為」によって成立する国家や社会や党派においては、諸個人が共属しあって烏合の衆と化し、自分以外のものの道具となるからであった。そのエゴイズムは常に自分の利害を立てよという呼びかけであった。

第二点。カストは、独我論という批判に対して、シュティルナーの「連合」が、［1］連合を設立する人々の自由意志による《合意》にもとづくこと、［2］自分の有益性の熟慮に従っていること、［3］自分の機能的性格（力を増幅させてくれる機能）の持続に限定されていること、という特色をもっているとして、反論している。*61

筆者も本章で論じたが、シュティルナーのいう唯一者の「往き来」は、相互関係を認めるものであるので、独我論という批判は当たらない。ただし唯一者の「往き来」は対立的相互関係であり、それは、出入り自由な流動的関係であった。そして、連合に加入しその諸計画に参与するのは、あくまでそれが自己享受だからであり、連合において、あるいは連合によって自己享受が不可能となれば、連合から離れればよいだけの話である。

第三点。カストは、ローゼンクランツやレーヴィットが、シュティルナーの思想をニヒリズムとして批判しているのに対して、それが意味も目標もないという意味ならニヒリストといえると、いったんはその批判を受け入れる。そして、シュティルナーがニーチェに先行して、「人間が神を殺したことにひとは気づかなかった」[*62]といい、また「真理は死んだ」[*63]と語ったことを取り上げている。しかしカストは、シュティルナーが引用したゲーテの詩の言葉、「一切は空《くう》だと見定めた」(「私は私の事柄を無の上にすえた」)に注意を促し、彼の言葉の意味は、ニヒリズムにあるのではなく、これまでの歴史と人間の意識の連続性とを、断ち切ることにあると反論した。[*64]

筆者が論究したところによれば、シュティルナーの主張は、啓蒙の弁証法を先駆的に主張した歴史哲学であり、エゴイストは歴史の転換期を主導する歴史的意識をもった歴史的実存であった。「第二部　自我」の扉に掲げられた文章にある「人間が神を殺した」という表現は、「人間」という言葉が使われているように、「第一部　人間」で批判されている人間であり、その典型とされているのは、天上の神聖な宗教的世界観を打ち壊したが、地上に神聖な人間なるものを創出したフォイエルバッハ的人間であった。したがって、人間の歴史的倒錯を暴きながら唯一者が自己自身を発見していくいわばヘーゲルに似た現象学は、ニヒリズムに終わるのではなく、力を行使する生身の現在的行為によって歴史を創造する、創造的無としての自己の発見で終わるのである。

あとがき

シュティルナーとフォイエルバッハの思想を比較してみたいという気持ちは、今は遠い学生時代の卒業論文を書いているときに芽生えていた。梅本克己の主体的唯物論に興味をもっていたためか、フォイエルバッハを唯物論的実存の哲学者として解釈する傾向があった。そのため卒業論文で「窮迫した存在」としての人間概念を論じたときに、ウドコックの『アナキズム　I思想編』（紀伊國屋書店、一九六八年）を参考に両者の論争を取り上げたことがあったが、二人の立場の批判しやすいところを表面的に批判しただけのものであった。卒業論文以後は、この論争から遠ざかっていた。立命館大学の大学院修士課程在学中に入手したレクラム版の『唯一者とその独自のありかた』を、時折読み進めていたが、集中して読むこともなく、修士論文を含め、二人の論争そのものに言及することもなかった。しかし、数年前にフォイエルバッハの交渉的存在という概念を中心に、彼の人間学を京都学派をも含めて検討したさいに、そのバイワークとしてシュティルナーの著作を再び手に取った。そして昔読んだ箇所や、かすれて消えそうになった書き込みに刺激されながら読み進めるにつれて、そのタイトルが、今回入手した邦訳書や関連論文では『唯一者とその所有』となっていることに疑問を感じ始めたことが、今回の著書に取り組むきっかけになった。

レクラム文庫のシュティルナーの主著は、今はもう茶色く変色し、背の糊も剝がれてバラバラになっている。補修のために張られたセロテープでさえ、その解体を押しとどめることはできないありさまである。赤青黒の鉛筆で引かれた線がどういう意味で引かれたものかを思い出しながら、またフォイエルバッハについての筆者の読みも携えて、二人の論争とその研究史を取り上げ、シュティルナーとの対話を試みた。古くなったレクラム文庫の頁に悪戦苦闘しただけでない。筆者が、これまでフォイエルバッハの思想理解に勤しみ、その現代的意義を強調してきただけに、シュティルナーの思想をどう理解し、どう評価するかについて、陳腐な結論にしか到達できていないかもしれない。登ったと思った頂きが深い藪《やぶ》に覆われて、日が暮れてもまだ道の途中に立ち止まり、窪地のなかにある小山に登っていただけかもしれない。シュティルナー思想に親しんでこられた読者や研究者からのご批判をいただければ幸いである。

この著の成果はともかくとして、こうした読解を試みるにあたって、筆者に刺激を与えてくれたのが、ベルント・カストによって編集された注釈書であった。シュティルナーの主著に引用されている章句の出典を詳細に調べ上げたものであり、それがなければこの拙著の第一章は成立していない。ただ彼がフォイエルバッハからの引用として示した典拠は、たとえば『キリスト教の本質』第二版（一八四三年）であり、筆者の手元にあるシュッフェンハウアー編集のフォイエルバッハ全集でないため、筆者がフォイエルバッハ研究に携わってきていなかったら、照合することが困難であっただろう。しかし、そうした手間のかかる作業は、かえって引用されている章句の文脈を見渡すことを可能にしてくれたと、今になって感謝している。

第五章の第五節「さいごに」は、その章の結論であるとともに、本著全体の結論でもある。シュティルナーとフォイエルバッハの論争とその解釈史に立ち入り過ぎた嫌いもあり、読者には「はじめに」とこの第五節で、まず本著全体の見通しと筆者の解読したシュティルナー像を得てもらえればよいと思う。

第二章や第三章でフォイエルバッハの主張を展開したために、おまえは二人のどちらの立場に立つのかという疑問が、当然でてくると思っている。長年フォイエルバッハ研究に携わってきた筆者の立場をご存じの方ほど、そうした疑念を抱かれて当然だといえる。筆者はこの著において、フォイエルバッハが対象的に振る舞う人間的現存在の共同構造について論じていることを評価している。その点は、筆者の従来のフォイエルバッハ解釈を踏襲している。自然と他者と自己とに対する振る舞いに、類としての人間の本質があるという彼の見方は、それらの対象との対立抗争が問題となっている現代の歴史的状況を考えるときでさえ、多くの刺激を与えてくれる。しかし他方では、その共同構造がそのまま歴史的世界に適用されるとき、彼の歴史観が、カントと同じように、人類の進歩を目指す啓蒙的歴史観にとどまっているという問題点が浮き彫りになるのも事実である。そのために彼の主張は、そのまま歴史に適用できるものではない。それに対して、シュティルナーのエゴイズムの立場は、フォイエルバッハのこの共同的な相互関係に基づく人間観を、歴史哲学の立場から徹底して批判するものであった。その著書の「第一部　人間」から「第二部　自我」へという構成は、神から人間へ、そして人間からエゴイストとしての唯一者へという歴史の転換を意識した構成となっていて、啓蒙の逆接的弁証法を先駆的に抉《えぐ》り出したものとして評価できる。

哲学史を素材にして哲学的に考えるものは、それらの思想や論争を政治的社会的経済的な背景から考えることはしない。四八年三月革命に向かう歴史的激動の時代についての、そうした知識は補助的な知識にとどまる。哲学的思考は、哲学的問題連関をなによりも重視しており、しかもその解明にあたるとき、つねにそれを自己自身との関わりで問うのである。背景的な知識があってはじめて明らかになる哲学の著作や、そこで使われている言葉の意味が解明されることもある。しかしそれらは対象的知識による解明であって、またそこに研究者の主体性はあっても、哲学の場合のように、対象について語ることが同時に研究者自身について語ることと一つになっているような主体的解明ではない。

愛を原理とする人間的現存在の共同構造と、世界に対して振る舞う生身のエゴイストという論争内容は、長年にわたって筆者自身の自己への問いであった。こうして論争を整理した今でも、自分を振り返ると、フォイエルバッハのように、愛を原理として自然や他者や自己自身に対して振る舞うことは、自分には理想に過ぎて面映《おもは》ゆい。かといってシュティルナーのように、他者の支配に対して、あるいは他者によって道具的に操作されることに対して反発し抵抗することに、自分自身を振り返って納得するところはあっても、ありのままの自分の価値を妥当させようというその呼びかけに応えて、その創造的な力を行使し続けるのは、生身の個人としてはあまりに重いのも、これまた事実である。エゴイストの主張に鼓舞されながら、自然や他者や自己との対立抗争や分裂の場面ごとに、それでもいつもなお、それにもかかわらずといった愚直さを生き続けながら、自己の世界を再構築する振る舞いをひとつひとつ始めればよいと思うだけである。その限りでは、常に既存の価値あるものを脱神聖化して、無際限に歴史の過程的世界を生きようというシュティルナーの思想に共鳴することになった。

不十分な史料の取り扱いに始まった論争史の泥沼から、二人の論争を救い出し、二人の思想を生かすかたちで、三木清が模索したような歴史的人間学を批判的に構想できればとも思うが、この拙著で展開できたことは、この論争を、対象的存在としての人間的現存在の共同構造の人間学的分析と、啓蒙の倒錯を暴いた唯一者の歴史哲学という、二人のそれぞれの立場から、論争を救い出したことだけに終わった。だが今の筆者としては、それで十分である。

ただ時間的余裕と筆者の生身のからだが許せば、『ドイツ・イデオロギー』の新メガも出版されていることだし、「聖マックス」の章を素材に、この拙著の続編的なシュティルナー論として、シュティルナーとマルクスの関係を論じてみたいとも考えている。筆者の最初の構想では、いつものことながら夢を広げて、そうしようと考えていた。「聖マックス」章での、罵詈雑言《ばりぞうごん》の汚濁混じりの厖大《ぼうだい》な分量のシュティルナー批判から、シュティルナーに浴びせられた汚泥を洗い流し、彼の思想を救い出して、改めてヘーゲルの『法哲学』や『歴史哲学』が、ヘーゲル左派の論争においてどう展開されていったのかを追考しようとも考えていた。それはまた筆者の健康と寿命が許せば挑戦してみたい課題である。

なお本著の第一章から第三章は、以下の既発表論文を加筆修正したものであり、第四、五章は新型コロナに感染したあと立ち直って、新たに書き下ろしたものである。

第一章「「私は私の事柄を無の上にすえた」(シュティルナー)」、『季報唯物論研究』第一五〇号、二〇二〇年二月。

第二章「フォイエルバッハの弟宛て書簡について――シュティルナーとの論争についての混乱」、

同右、第一五一号、二〇二〇年五月。

第三章「類概念と対象的存在の論理――シュティルナー・フォイエルバッハ論争の考察」、同右、第一五四号、二〇二一年二月。

いつものことながら、まだ試作段階の論文の発表を許してくれた『季報唯物論研究』とその編集者田畑稔氏に、ならびに当初の構想より短くなった本著の出版を引き受けてくれた現代思潮新社と、編集その他でお世話になった寺本佳正氏に深く感謝したい。

註

はじめに

1　Vgl. Max Stirner, *Der Einzige und sein Eigentum.* Stuttgart: Philipp Reclam Jun, 1973, S. 3 u. 5. シュティルナー著、片岡啓治訳『唯一者とその所有』（上、現代思潮社、一九六七年）五、八頁。以下この原著はレクラム文庫版を利用し、*EE* と略記、邦訳の二巻本は「片岡訳」と略記し、その上下を示す。

2　Bernd Kast (Hrsg.), *Max Stirner, Der Einzige und sein Eigentum. Ausführlich kommentierte Studienausgabe.* Freiburg/München: Karl Alber GmbH, 2009, S. 13u. 15. 以下この著は Kast, *EE* と略記。

3　拙著『四人のカールとフォイエルバッハ』（こぶし書房、二〇一五年）、三五八頁以下註4参照。以下この著は『四人のカール』と略記。

4　筆者が参考にしたのは、ドゥーデンの六巻本である。Vgl. Duden, *Das große Wörterbuch der deutschen Sprache in sechs Bänden.* Bd. 2. S. 618 u. 620.

5　Vgl. Sidney Hook, *From Hegel to Marx.* The University of Michigan Pr., 1962, p. 167.

6　Vgl. Marx W.Wartofsky, *Feuerbach.* Cambridge Univ. Pr., 1977, p. 424.

7　シュティルナー思想の復興に功のあったマッケイの著作『マックス・シュティルナー、生涯と著作』（*Max Stirner, sein Leben und sein Werk.* Berlin: Schuster & Loeffler, 1898）の第三版（一九一四年）を英訳したケネディは、Eigentum を property と訳している。Vgl. John Henry Mackey, *Max Stirner, His Life and His Work.* Transl. from the Third German Edition by Hubert Kennedy, Concord, California: Peremptory Publications, 2005, p. 125.

8　Vgl. *Webster's New Collegiate Dictionary.* G & C. Merriam Co., 1977, p. 820.

9　Vgl. *Oxford Latin Dictionary.* Oxford Univ. Pr., 1982, p. 1410.

10　M. Stirner, *EE.* S. 199. 片岡訳下、四四頁。

11　拙著『四人のカール』、二一五頁以下参照。

12　L. A. Feuerbach, Das Wesen des Christentums. In: *Gesammelte Werke,* hrsg.v. W. Schuffenhauer, Berlin:

Akademie Verlag, Bd. 5. S. 442. 船山信一訳『フォイエルバッハ全集』（福村出版）第一〇巻『キリスト教の本質　下』（一九七五年）、一三〇頁。以下このアカデミー版全集は*GW*と略記し、この著はWCに、邦訳は船山訳『全集』と略記。

なおこの箇所の「なんら抽象態 kein abstractum ではない」は、フォイエルバッハ自身が編集した第三版（一八四九年）では、「単なる思想 bloßer Gedanke ではない」に変更されていて、船山訳はそれに基づいている。また「類はなんら抽象態ではない」という一文は、『死と不死の諸思想』（一八三〇年）において、有機的身体のありかたを類としての生命のありかたとして議論した時に、既に使用されている。Vgl. L. A. Feuerbach, Gedanken über Tod und Unsterblichkeit. In: *GW*. Bd.1. S. 301.

第一章

1　L. A. Feuerbach, Fragmente zur Charakteristik meines philosophischen curriculum vitae. In: *GW*. Bd. 10. S. 155. 船山訳『全集』第一〇巻、一二一五頁。

2　ヘーゲルの講義については、奥谷浩一「ヘーゲル詳細年譜」（加藤尚武ほか編『ヘーゲル事典』弘文堂、一九九二年）を参照した。

3　Vgl. John Henry Mackay, *Max Stirner. Sein Leben und sein Werk*. Reprint der dritten Auflage. 1977, Freiburg/Br. : Mackay-Gesellschaft, Wetzlar/Lahn: Neuland-Druck, S. 37f. 以下マッケイのこの著作は、Mackay の名をつけ *MS* と略記。

4　Stirner, *EE*. S. 35. 片岡訳上、四五頁。

5　Vgl. *Ebd*. S. 411f. 片岡訳下、三二一頁以下参照。

6　Vgl. *Ebd*. S. 164, 201 u. 348. 片岡訳上、二〇〇頁以下、および下、四七、二三八頁参照。

7　*Ebd*. S. 173. 片岡訳下、一〇頁。

8　Vgl. *Ebd*. 片岡訳下、同上参照。

9　Vgl. *Ebd*. S. 358. 片岡訳下、二五〇頁参照。

10　*Ebd*. S. 3. 片岡訳上、五頁。

11　Vgl. Kast, *EE*. S. 13. Anm. 1.

12　Vgl. Karl Marx u. Friedrich Engels, Deutsche Ideologie, Manuskripte und Drucke, Apparat. In: *MEGA* I-5. Hrsg. v. der Internationalen Marx-Engels-Stiftung, Amsterdam: De Gruyter Akademie Verlag, 2017, S. 1378. 以

下マルクスとエンゲルスの共著である『ドイツ・イデオロギー』草稿は、この新メガ（MEGA）版を利用し、二人の名をME、この草稿を*DI*と略記。

13　松本道介訳「つどいの歌」、山口四郎他訳『ゲーテ全集』第一巻（潮出版社、一九七九年）、七三頁以下参照。Johann Wolfgang von Goethe, Gesellige Lieder. In: *Goethe Berliner Ausgabe*. Bd. 1. Poetische Werke, Berlin u. Weimar: Aufbau-Verlag, 1965, S. 92f. 以下、邦訳全集は『ゲーテ全集』と略記。ベルリン版全集は、Goethe *BA* と略記。なお後者は、一八二七－一八三〇年および一八三二－一八四二年に出版されたいわゆる決定版全集全六〇巻に基づくものである。

14　『ゲーテ全集』第一巻の解説者、山口四郎氏は、ゲーテの生涯と詩作の傾向を踏まえ、その発展段階を、①初期時代（一七六七－一七七〇年）、②シュトゥルム・ウント・ドラング（疾風怒涛）時代（一七七一－一七七五年）、③前期ヴァイマル時代（一七七六－一七八六年）、④古典主義時代（一七八八－一八一三年）、⑤晩年期（一八一四－一八三二年）に区分されている（同上『ゲーテ全集』第一巻、四五七頁以下参照）。

15　共同訳聖書実行委員会編『聖書新共同訳』日本聖書協会、一九八七年。「旧約聖書」一一九七頁参照。

16　Arthur Schopenhauer, Parerga und Paralipomena: kleine philosophische Schriften. In: *Zürcher Ausgabe Werke in zehn Bänden*, Bd. VIII, Zürich: Diogenes Verlag AG, 1977, S. 454.『ショーペンハウアー全集』第一一巻、金森誠也訳、白水社、一九九六年、二七〇頁。

17　コルフ著、久保助三郎訳『人間主義と浪漫主義』桜井書店、一九四二年、八九頁参照。

18　（　）内の数字は『コヘレトの言葉』の章と節を示す。

19　コルフ『人間主義と浪漫主義』、五四頁参照。

20　M. Stirner, *EE*. S. 3. 片岡訳上、五頁。

21　*Ebd*. S. 412. 片岡訳下、三二三頁。

22　*Ebd*. S. 5. 片岡訳上、八頁。Kast, *EE*. S. 15. Anm. 4. Vgl. Goethe, Satyros oder Der vergoetterte Waldteufel. In: Goethe *BA*. Bd. 5. S. 168. なお今井道児訳によれば、該当箇所は「この世におれの上をゆくものなどいない」となっている（『ゲーテ全集』第四巻、二〇五頁参照）。

23　Vgl. Martin Heidegger, Bremer und Freiburger Vorträge. In: *Gesamtausgabe*, Bd. 79. FaM.: Vittorio Klostermann, 1994, S. 124-126 u.a. マルティン・ハイデッガー『思考の根本命題』、『ハイデッガー全集』第七九巻『ブレーメン講演とフライブルク講演』（森一郎訳、創文社、二〇〇三年）一四九—一五二頁など。本文中の引用は森訳に従った。

第二章

1　Vgl. Wilhelm Bolin, *Ludwig Feuerbach. Sein Wirken und seine Zeitgenossen mit Benutzung ungedruckten Materials*, Stuttgart: Verlag der J. G. Cotta'schen Buchhandlung, 1891, S. 108. 以下この著作は Bolin の名をつけ *Wirken* と略記。

2　Vgl. Mackay, *MS*. S. 166.

3　Vgl. Simon Rawidowicz, *Ludwig Feuerbachs Philosophie: Ursprung und Schicksal*. Berlin: Walter de Gruyter & Co., 1te Auf. (1931), 2te Auf. (1964), S. 170, Anm. 1. ズィモン・ラヴィドヴィッツ『ルードヴィヒ・フォイエルバッハの哲学　上』桑山政道訳、新地書房、一九八三年、三一〇頁以下、註310参照。以下この原著は第二版を使用し Rawidowicz（1964）と略記し、邦訳は桑山訳と略記し、その二巻本の上下を示し、それぞれの頁数を付記。

4　全集編集者のシュッフェンハウアーは、この書簡の日付をシュティルナーの『唯一者とその独自のありかた』の発行月と、同じく弟宛書簡「十二月二日付」（書簡番号460）から「十一月」と推定している（Vgl. Werner Schuffenhauer, Untersuchungen und Erläuterungen. In: *GW*. Bd. 18. S. 535.）。本文中この書簡の日付につけられた［　］は編集者による推定を示す。

　シュティルナーの著作が出版された年月は、ライプチッヒのオットー・ヴィーガント社から出された初版の扉の写真からみると、一八四五年とある（Vgl. Mackay, *MS*. S. 230.）。しかし実際の日付については、古くはボーリンが、「一八四四年晩秋」と推定していた（Vgl. Bolin, *Wirken*. S. 321. Anm. 7.）。またマッケイは上記著作で「一八四四年十月末」とし（Vgl. Mackay, *MS*. S. 125.）、レクラム版『唯一者とその独自のありかた』を編集したアールリッヒ・マイアーも同様である（Vgl. Ahlrich Meyer, Anhang. In: *EE*. S. 415.)。「十月末」だとすると、「十二月二日付」の史料③との間ということになり、史料②（書簡番号459）は、シュッフェンハウアーの推定通り十一月となる。

5 L. Feuerbach, An Friedrich Feuerbach. In: *GW*. Bd. 18. S. 416-421.

6 Vgl. Ebd., An Otto Wigand. In: *ebd*. Bd. 19. S. 3f. 9 u. 40f.

7 Bolin, *Wirken*. S. 108, *Rawidowicz (1964)*. S. 170. Anm. 1. 桑山訳上、三一〇頁以下の註310参照。

8 Bolin, *Wirken*. S. 98.

9 *Ebd*. S. 105.

10 *Ebd*. S. 106.

11 Vgl. *ebd*. S. 105f.

12 *Ebd*. S. 109.

13 Vgl. W. Bolin, Biographische Einleitung. In: *Ausgewählte Briefe von und an Ludwig Feuerbach*, Hrsg. von Wilhelm Bolin, Leibzig: Verlag von Otto Wigand, 1904, Erster Band. S. 110. K・レーヴィット、W・ボーリン『フォイエルバッハ』斎藤信治、桑山政道訳、福村出版、一九七一年、一八三頁参照。

この邦訳は、ボーリンが編集したこの『往復書簡選集』につけた彼の「伝記的序論」だけを訳出したものである。その際翻訳者の桑山によって、ボーリンとヨードル編集の『フォイエルバッハ全集』第一巻に掲載されたレーヴィットの序言が加えられている。

14 Vgl. Bolin, *Wirken*. S. 106.

15 Vgl. *ebd*. S. 108.

16 Vgl. Mackay, *MS*. S. 166f., *Rawidowicz* (1964). S. 170f. 桑山訳、上一七九頁以下参照。

17 L. Feuerbach, An Friedrich Feuerbach [November 1844]. In: *GW*. Bd. 18, S. 416f.

18 Ebd., An Friedrich Feuerbach, 2. Dezember 1844. In: *GW*. Bd. 18. S. 418.

19 Ebd., An Friedrich Feuerbach, 13. Dezember 1844. In: *GW*. Bd. 18. S. 420f.

冒頭のEとは、フォイエルバッハの妹エリーゼ（一八一三—一八八三年）、またDとはダウマー（一八〇〇—一八七五年）のそれぞれの頭文字である。フォイエルバッハはエリーゼに、書簡④の直前の十二月九日と推定される書簡を送っており、フォイエルバッハ兄弟やバウアー兄弟を批判したダウマーの著作『現在の人間学主義と批判学主義』（一八四四年）の出版予告が出されたことを知らせていた。史料④の冒頭文はこのことを指している。

20 Vgl. L. Feuerbach, An Friedrich Feuerbach [November 1844]. In: *GW*. Bd. 18. S. 416f.

21 Vgl. Bolin, *Wirken*. S. 99-105.

22 Vgl. Bolin, *Wirken*. S. 108.

23 Vgl. David Mclellan, *The Young Hegelians and Karl Marx*. London/Melbourne/Toronto: Macmillan, 1969, p. 130.

24 大沢正道『個人主義――シュティルナーの思想と生涯』青土社、一九八八年、九〇頁参照。

25 廣松渉「解説」、良知力、廣松渉編『ヘーゲル左派論叢』第一巻（『ドイツ・イデオロギー内部論争』）、御茶の水書房、一九八六年、三三一頁。以下この文献は「廣松「解説」」と略記。

26 L. Feuerbach, An Friedrich Feuerbach [November 1844]. In: *GW*. Bd. 18. S. 417.

27 こうしたフォイエルバッハの心性については、たとえばフォイエルバッハがアーノルト・ルーゲとの交わりを絶ったとき、マルクスをはじめとして共産主義者たちとルーゲとの「醜い争い」に対して、彼が関わらなかったことを、シュッフェンハウアーは「高貴な心性」だと高く評価している（Vgl. W. Schuffenhauer, *Feuerbach und der junge Marx*, Berlin: VEB Deutscher Verlag der Wissenschaften, 1972 (2te Aufl.), S. 89. W・シュッフェンハウエル『フォイエルバッハと若きマルクス』福村出版、一九七三年、一二〇頁参照）。

28 L. Feuerbach, An Friedrich Feuerbach. 8. Dezember 1844. In: *GW*. Bd. 18. S. 418f.

29 Vgl. Ebd, An Otto Wigand, 27. Januar 1845. In: *GW*. Bd. 19. S. 4.

30 本著、三一頁参照。

31 L. Feuerbach, An Otto Wigand. 25. Februar 1845. In: *GW*. Bd. 19. S. 9.

32 Ebd. 16. Semtember 1845. In: *GW*. Bd. 19. S. 40.

33 廣松渉「解説」、三三八頁参照。

34 Vgl. Julius Müller, „Das Wesen des Christentums“ von L. Feuerbach 1841. In: *Theologische Studien und Kriti-*

ken, 1842, S. 178ff., 222, 230ff. u. 258.

　ミューラーからの批判とフォイエルバッハからの反論を詳論し、そこに伝統的なプロテスタント神学者と、神学の世俗化を図るフォイエルバッハとの違いを見出した文献に、シュナイダーのものがある。Vgl. Erich Schneider, *Die Theologie und Feuerbachs Religionskritik*, Göttingen: Vandenhoeck & Ruprecht, 1972, S. 27-106.

35　ブラントホルストは、前註であげたシュナイダーの研究もふまえ、『キリスト教の本質』の初版にみられるルッターからの引用を実証的に精査し、ミュラーによるフォイエルバッハ批判がきっかけとなり、フォイエルバッハが本格的にルッター研究に取り組んだことを論証した。Vgl. Heinz-Hermann Brandhorst, *Lutherrezeption und bürgerliche Emanzipation. Studien zum Luther- und Reformationsverständnis im deutschen Vormärz (1815-1848) unter besonderer Berücksichtigung Ludwig Feuerbachs*, Göttingen: Vandenhoeck & Ruprecht, 1981, Bes. Kapital 4-3 u. 4-6. H・H・ブラントホルスト『ルターの継承と市民的解放――フォイエルバッハとドイツ三月革命前期の研究』桑山政道訳、新地書房、一九九一年、特に第四章第三節と第六節参照。

36　廣松「解説」、三四一頁参照。また廣松の解説のもととなり、彼が「拝用」したという滝口清栄の詳しい見解は、滝口清栄『マックス・シュティルナーとヘーゲル左派』理想社、二〇〇九年、特に第五章「フォイエルバッハの思想的転回とシュティルナー」の「二、フォイエルバッハの思想的転回――一八四五―一八四六年」参照。

37　大庭健「共同存在に於る主体性と時間性――フォイエルバッハ・シュティルナー論争の意義」、『倫理学年報』第二六巻、一九七七年、八九頁参照。

38　廣松渉「解説」、三三八頁参照。

39　滝口清栄『マックス・シュティルナーとヘーゲル左派』、一一九頁以下参照。

　滝口は、この「十二月十三日付」書簡の出典を新明正明編『イデオロギーの系譜学』（大畑書店、一九三三年、二六〇頁）としている（滝口、同上書、一三五頁注（41）参照）。それは同著の「第五章　スチルナァのイデオロギー論」を執筆した陳紹馨が、H. Schultheiss, *Stirner: Grundlagen zum Verständnis des*

Werkes,, *Der Einzige und sein Eigentum*', Greifswald, 1906. から引用していたものである（新明正明編、同上書、二六三頁註（10）参照)。

40　本著、三七頁以下参照。

41　Vgl. Lawrence S. Stepelevich, Stirner contra Feuerbach. In: *Ludwig Feuerbach und die Philosophie der Zukunft*. Hrsg. v. H.-J. Braun, H.-M. Sass, W. Schuffenhauer, F. Tomasoni, Berlin: Akademie Verlag, 1990, S. 650 u. 655.

第三章

1　Vgl. Bruno Bauer, Characteristik Ludwig Feuerbach. In: *Wigand's Vierteljahrsschrift*. 1845. Dritter Band. S. 104, 110 u. 124. ブルーノ・バウアー「ルートヴィッヒ・フォイエルバッハの特性描写」、良知力、廣松渉編『ヘーゲル左派論叢』第一巻『ドイツ・イデオロギー内部論争』御茶の水書房、一九八六年、一三六、一四二、一五六頁参照。

2　L. Feuerbach, Vorläufige Thesen Zur Reformation der Philosophie. In: *GW*. Bd. 9. S. 259. 船山訳『全集』第二巻、五五頁。以下この『哲学改革のための暫定的諸命題』は、VTP と略記。

3　Vgl. Ebd. Grundsätze der Philosophie der Zukunft. In: *ebd*. S. 265 u. 337.　船山訳『全集』第二巻、六七、一五七頁参照。以下この『将来哲学の根本諸命題』は GPZ と略記。

4　Vgl. Larry Johnston, *Between Transcendence and Nihilism*. New York: Peter Lang Publishing Inc., 1995, p. 153.

5　滝口清栄『マックス・シュティルナーとヘーゲル左派』、一五一―四頁参照。

6　津田雅夫『マルクスの宗教批判』柏書房、一九九三年、三四、五二頁参照。

7　河上睦子『フォイエルバッハと現代』御茶の水書房、一九九七年、五二頁以下、八〇頁以下参照。

8　森政稔「アナーキズムの自由と自由主義の自由――シュティルナーとフォイエルバッハのばあい」、『現代思想』第二二巻第五号、一九九四年、二四四頁以下参照。

9　滝口清栄『マックス・シュティルナーとヘーゲル左派』、一五三頁以下参照。

10　河上睦子『フォイエルバッハと現代』、八〇―

八二、一五〇、一五二頁など参照。

11 拙著「フォイエルバッハの弟宛て書簡について――シュティルナーとの論争についての混乱」『季報唯物論研究』第一五一号、二〇二〇年、および「類概念と対象的存在の論理――シュティルナー・フォイエルバッハ論争の考察」、同上、第一五四号、二〇二一年参照。前者は本著第二章の、後者は第三章の初出論文である。

12 拙著『四人のカール』のうち、カール・ダウプとの関連や汎神論的自然観と主観主義批判とについては、同著の第一章から第二章、特に四八頁以下および六〇頁以下参照。また自己意識が共同知（conscientia）であることについては、四九頁以下参照。

13 Vgl. L. Feuerbach, WC. In: *GW*. Bd. 5. S. 444. Anm. 船山訳『全集』第一〇巻、一三一頁以下参照。

14 Vgl. M. Stirner, *EE*. S. 34. 片岡訳上、四三頁。

15 Vgl. ebd. S. 51. 同上、六三頁参照。

16 Vgl. L. Feuerbach, VTP. In: *GW*. Bd. 9. S. 244. 船山訳『全集』第二巻、三二頁以下参照。

17 M. Stirner, *EE*. S. 51. 片岡訳上、六四頁。

18 L. Feuerbach, WC. In: *GW*. Bd. 5. S. 442. 船山訳『全集』第一〇巻、一三〇頁。

19 Vgl. *ebd*. S. 30f. 船山訳『全集』第九巻、四三頁参照。

20 Vgl. *ebd*. S. 31f. 同上、四三頁以下参照。

21 Vgl. *ebd*. 3. S. 33f. 船山訳『全集』第九巻、四五頁以下参照。拙著『四人のカール』、二一五頁以下参照。また同上『レーヴィットから京都学派とその「左派」の人間学へ』こぶし書房、二〇一六年、二五〇頁以下参照。

22 Vgl. L. Feuerbach, WC. In: *GW*. Bd. 5. S. 33. 船山訳『全集』第九巻、四六頁参照。

23 Ebd. Über Philosophie und Christentum in Beziehung auf den der Hegelschen Philosophie gemachten Vorwurf der Unchristlichkeit. 1839. In: *GW*. Bd. 8. S. 252. 同上第一巻、二一〇頁。以下この著はÜPCと略記。

24 船山信一「第一巻解題」、同上、三五四頁参照。

25 Vgl. L. Feuerbach, ÜPC. In: *GW*. Bd. 8. S. 254f. 同上、二一二頁以下参照。

26 Vgl. Immanuel Kant, Recensionen von J. G. Herders Ideen zur Philosophie der Geschichte der Menschheit. Theil 1. 2. In: *Kants Werke*. Akademie-Textausgabe.

Berlin: Walter de Gruyter & Co, 1968, Bd. VIII. S. 65. カント「ヨハン・ゴットフリート・ヘルダー「人類の歴史哲学考」（第一部、第二部）」、小倉志祥訳『カント全集』第一三巻、理想社、一九八八年、七九頁参照。

27　Vgl. L. Feuerbach, WC. In: *GW*. Bd. 5. S. 37. 船山訳『全集』第九巻、五〇頁参照

28　Ebd. GPZ. In: *GW*. Bd. 9. S. 279. 同上第二巻、八三頁。

29　Vgl. G. W. F. Hegel, Enzyklopädie der philosophischen Wissenschaften. II. In: *G. W. F. Hegel. Werke in zwanzig Bänden*. FaM: Suhrkamp Verlag, Bd. 9. S. 519. 加藤尚武訳『自然哲学』下巻、『ヘーゲル全集２ｂ』岩波書店、一九九九年、六七九頁参照。

30　Vgl. Carlo Ascheri, *Feuerbachs Bruch mit der Spekulation*. FaM: Europäische Verlagsanstalt, 1969. S. 15.

31　Vgl. ebd. S. 15f.

32　河上睦子『フォイエルバッハと現代』、七七頁参照。

33　Vgl. Immanuel Kant, Idee zu einer allgemeinen Geschichte in weltbürgerlicher Absicht. In: *Kants Werke. Akademie Textausgabe*. Bd. VIII. S. 18 u. 22. カント「世界市民的意図における普遍史のための理念」、小倉志祥訳『カント全集』第一三巻、一七、二二頁参照。

34　Vgl. Carlo Ascheri, *Feuerbachs Bruch mit der Spekulation*. S. 17-21. この草稿は残念なことに、全集編集者のシュッフェンハウアーが亡くなったために、草稿を含んだ巻が未刊に終わった。そのため利用できないので、アスケリと次のザッスが紹介した内容の範囲でしか取り上げられない。

35　Vgl. Hans-Martin Sass, *Ludwig Feuerbach*. Reinbek bei Hamburg: Rowohlt Taschenbuch Verlag GmbH, 1978, S. 61ff.

36　Vgl. *Ebd*. S. 62.

37　Ebd. Zur Kritik der Hegelschen Philosophie. In: *GW*. Bd. 9. S. 61. 船山訳『全集』第一巻、三二三頁。

38　*Ebd*. S. 480. この文章は、船山訳にはない。

39　Vgl. *Ebd*. S. 479.

40　Vgl. *Ebd*. S. 93. 船山訳『全集』第九巻、一一三頁。

41　Vgl. *Ebd*. 同上。

42　城塚登『フォイエルバッハ』勁草書房、一九五八年、二一七頁。

43 Georg Biedermann, *Ludwig Andreas Feuerbach.* Leipzig/Jena/Berlin: Urania-Verlag, S. 64.ビーダーマン『フォイエルバッハ——思想と生涯』尼寺義弘訳、花伝社、一九八八年、七三頁。

44 L. A. Feuerbach, Pierre Bayle. Ein Beitrag zur Geschichte der Philosophie und Menschheit. In: *GW*. Bd. 4. S. 40. 船山訳『全集』第八巻、四六頁。

45 Vgl. *Ebd*. S. 44f. 同上、五〇頁以下参照。

46 Vgl. Ebd., WC. In: *GW*. Bd. 5. S. 205ff. 同上第九巻、二一一—二一三頁参照。

47 Vgl. *Ebd*. S. 206. 同上、二一二頁。

48 滝口清栄『マックス・シュティルナーとヘーゲル左派』、一五八頁以下、および廣松渉「解説」、三四二頁以下参照。

49 L. A. Feuerbach, Über das „Wesen des Christentums" in Beziehung auf den „Einzigen und sein Eigentum". In: *GW*. Bd. 9. S. 435. 同上第一〇巻、三八一頁。以下この反論文はÜWC-EEと略記。

50 Vgl. *Ebd*. S. 434. 同上参照。

51 Vgl. *Ebd*. 同上参照。

52 Vgl. L. Feuerbach, ÜWC-EE. In: *GW*. Bd. 9. S. 429-440. 船山訳『全集』第一〇巻、三七三—八七頁参照。

第四章

1 Vgl. L. Feuerbach, ÜWC-EE. In: *GW*. Bd. 9. S. 427f. 船山訳『全集』第一〇巻、三七一頁参照。

2 Vgl. Ebd., WC. In: *GW*. Bd. 5. S. 205, 211 u. 215. 船山訳『全集』第九巻、二一一、二一六、二二〇頁参照。

3 Vgl. L. Feuerbach, ÜWC-EE. In: *GW*. Bd. 9. S. 432f. 船山訳『全集』第一〇巻、三七七頁以下参照。

4 Vgl. Ebd. WC. In: *GW*. Bd. 5. S. 275f. 船山訳『全集』第九巻、二八一頁参照。Und. ebd. ÜWC-EE. In: GW. Bd. 9. S. 432. 船山訳、同上、三七七頁以下参照。

5 Vgl. Ebd. WC. In: *GW*. Bd. 5. S. 206f. 船山訳『全集』第九巻、二一二頁参照。

6 Ebd. GPZ. In: *GW*. Bd. 9. S. 279. 船山訳『全集』第二巻、八三頁。

7 拙著『四人のカール』、第六章、特に「二 人間的現存在と環境世界」参照。

8 Cf. Henri Arvon, *Aux sources de l'existentialisme:*

Max Stirner. Presses Universtaires de France, 1954, p. 1. Und vgl. Henri Arvon, *Max Stirner・An den Quellen des Exsistenzialismus*. Hrsg. v. Armin Geus, Basilisken-Presse, 2012, S. 15.

9　Vgl. Giorgio Penzo, *Die existentielle Empörung. Max Stirner zwischen Philosophie und Anarchie*. Übersetzt von Barbara Häußler. FaM: Peter Lang, u. a. S. 24.

10　Vgl. Bernd Kast, *Max Stirners Destruktion der spekulativen Philosophie. Das Radikal des Eigners und die Auflösung der Abstrakta Mensch und Menschheit*, Verlag Karl Alber, 2016, S. 21, 29 u. 32.

11　Vgl. Bernd Kast, Nachwort. In: *Henri Arvon, Max Stirner*. S. 205.
カストはアルボンの見解に次の三つの意義を認めている。①『唯一者とその独自のありかた』前後の重要な諸著作をも視野にいれた研究であること、②史的唯物論成立に際してのシュティルナーの重要な役割を最初に認めたこと、③アナーキズムを基礎づけたという主張に反対する議論にきっかけを与え、無神論的実存主義の源泉としたこと（Vgl. *Ebd.*）。

12　Vgl. M. Stirner, *EE*. S. 9. 片岡訳上、一一頁参照。

13　Vgl. *ebd*. S. 10f u. 14. 片岡訳上、一三頁以下および一七頁参照。

14　Vgl. *ebd*. S. 14. 片岡訳上、一七頁以下参照。

15　L. Feuerbach, VTP. In: *GW*. Bd. 9. S. 259. 船山訳『全集』第二巻、五五頁。

16　Ebd, *EE*. S. 16. 片岡訳上、二一頁。

17　L. Feuerbach, WC. In: *GW*. Bd. 5. S. 192. 船山訳『全集』第九巻、一九六頁以下。

18　Ebd. WC. In: *GW*. Bd. 5. S. 215. 同上、二二〇頁。

19　Vgl. M. Stirner, *EE*. S. 25. 片岡訳上、三二頁以下参照。

20　*Ebd*. S. 27. 片岡訳上、三五頁。

21　*Ebd*. S. 35. 片岡訳上、四五頁。

22　Vgl. *ebd*. S. 36f. 片岡訳上、四七頁参照。

23　*Ebd*. S. 42. 片岡訳上、五三頁。

24　Vgl. L. Feuerbach, WC. In: *GW*. Bd. 5. S. 7. 船山訳『全集』第九巻、九頁参照。
マルクスもまた『ドイツ・イデオロギー』で、シュティルナーの「幽霊」という用語の起源として、フォイエルバッハの『哲学改革のための暫定的諸命題』における次の言葉を引用している。「神学は諸幽霊に対する信仰である。しかし、普通の神学は自分の諸幽霊を感性的想像の中に、思弁的神学は非感性的抽象の中にもつ」(L. Feuerbach, VTP. In: *GW*. Bd. 9. S. 247. 船山訳『全集』第二巻、三七頁)。Vgl. ME, *DI*. S. 210. マルクス、エンゲルス『ドイツ・イデオロギー』、大内兵衛、細川嘉六監訳『マルクス・エンゲルス全集』第三巻、大月書店、一九六三年、一四九頁参照。以下この邦訳全集は『マルエン全集』と略記。

25 M. Stirner, *EE*. S. 85. 片岡訳上、一〇四頁。

26 Ebd. S. 98f. Und vgl. L. Feuerbach. WC. In: *GW*. Bd. 5. S. 445. 船山訳『全集』第一〇巻、一三三頁参照。

27 M. Stirner, *EE*. S. 106. 片岡訳上、一一九頁。

28 Vgl. Ebd. *EE*. S. 107f. 片岡訳上、一三一頁以下参照。

29 *Ebd*. S. 108f. 片岡訳上、一三二頁。

30 *Ebd*. S. 117. 片岡訳上、一四二頁。

31 *Ebd*. S. 128. 片岡訳上、一五五頁。

32 Vgl. *Ebd*. S. 136ff. 片岡訳上、一六五―一六八頁参照。

33 Vgl. *Ebd*. S. 158. 片岡訳上、一九三頁参照。なお、この言葉は『キリスト教の本質』における「人間が人間にとって神である(*Homo homini deus est*)」というテーゼの直前にある(Vgl. L. Feuerbach, WC. In: *GW*. Bd. 5. S. 444. 船山訳『全集』第一〇巻、一三二頁参照)

34 Vgl. *Ebd*. S. 159. 片岡訳上、一九四頁参照。

35 Max Horkheimer u. Theodor W. Adorno, Dialektik der Aufklärung. In: *Max Horkheimer Gesammelte Schriften*. FaM: Fischer Taschenbuch Verlag, 1987, Bd. 7. S. 25. 徳永恂訳『啓蒙の弁証法』岩波書店、一九九〇年、三頁。以下この著は、「第一章 啓蒙の概念」の執筆者であるホルクハイマーの名を付して*DA*と、邦訳は徳永訳と略記。

36 拙著『四人のカール』、三五八頁以下の第五章註4参照。また本著、七頁以下参照。

37 Vgl. ME, *DI*. S. 284 u. 286. 『マルエン全集』第三巻、二二八、二三一頁参照。

38 本著、八一頁参照。

39 本著、八六頁参照。

40 以前この Haben を「所有」と訳したことがある(拙著『四人のカール』、三五九頁参照)。「独自なありかた」と訳した Eigentum と対比するだけであったので、「所有」としたのだが、ここではBesitzとも対比させる必要があるので、Habenを「所持」と訳した。

41 Vgl. M. Stirner, *EE.* S. 128f. 片岡訳上、一五六頁参照。

42 マルクスもシュティルナーの『唯一者とその独自のありかた』を「自分と合一するエゴイストの現象学」と呼んでいる（Vgl. ME, *DI.* S. 297.『マルエン全集』第三巻、二四四頁）。しかし彼の場合、もちろんそれは、自我が置かれている現実の歴史の経験的諸関係の具体的分析がないという批判の意味で、そう呼んでいるのである。マルクスは筆者のように、その現象学に啓蒙の弁証法が展開された、歴史哲学として読むということはない。

43 Vgl. M. Stirner, *Ebd.* Inhalt. S. 463. 片岡訳下、「目次」、一頁参照。

44 筆者はこのVerkehrを以前「交わり」と訳していた（拙著『四人のカール』三五九頁参照）。しかしその訳語には、どこかまだ人道的で人間的なニュアンスがあるので訂正し、「往き来」とした。

45 M. Stirner, *EE.* S. 239. 片岡訳下、九七頁。

46 Vgl. *Ebd.* S. 171f. 片岡訳下、八頁参照。

47 Vgl. *Ebd.* S. 173. 片岡訳下、九頁参照。

48 *Ebd.* S. 185. 片岡訳下、二五頁。

49 Erich Fromm, Die Furcht vor der Freiheit. In: *Erich Fromm Gesamtausgabe*, Hrsg. v. Rainer Funk, Bd. 1. S. 313. 日高六郎訳『自由からの逃走』（一九五一年）、筆者が参照したのは、その三一版（東京創元新社、一九六七年）、一八二頁。フロムの全集はこのドイツ語版を使用し、以下E. Fromm *GA*に、またこの著の邦訳は日高訳と略記。

50 フロムは近代人の逃避のメカニズムとして、「権威あるものへの逃避」以外に「破壊的なものへの逃避」と「大勢追従への逃避」という社会的性格を分析している。Vgl. *Ebd.* S. 300, 322 u. 325. 日高訳、一五九、一九七、二〇三頁参照。

51 *Ebd.* S. 289. 日高訳、一三九頁。

52 Vgl. *Ebd.* S. 236f. 日高訳、四二、四四頁参照。

53 Vgl. *Ebd.* S. 237 u. 368. 日高訳、四四、二八四頁参照。

54 Vgl. *Ebd.* S. 235 u. 238. 日高訳、四〇、四五頁参照。

55 *Ebd.* S. 285. 日高訳、一三二頁。

56 Vgl. M. Stirner, *EE*. S. 185. 片岡訳下、二五頁参照。

57 M. Stirner, *EE*. S. 117. 片岡訳上、一四二頁。

58 Vgl. *Ebd*. S.174. 片岡訳下、一一頁参照。

59 Vgl. *Ebd*. S. 181. 片岡訳下、二〇頁参照。

60 Cf. Jean-Paul Sartre, *L'être et le néant*. Éditions Gallimard, 1943, p. 665. 松浪信三郎訳『存在と無』第三分冊、人文書院、一九六〇年、四一〇頁参照。

61 *Ebd*. S. 173. 片岡訳下、一〇頁。

62 Vgl. *Ebd*. S. 190 u. 199f. 片岡訳下、三二、四五頁参照。

63 Vgl. *Ebd*. S. 203. 片岡訳下、五〇頁参照。

64 *Ebd*. S. 202. 片岡訳下、四八頁。

65 M. Horkheimer, *DA*. S. 25. 徳永訳、三頁。

第五章

1 M. Stirner, *EE*. S. 412. 片岡訳下、三三三頁。

2 本著、四三頁以下参照。

3 L. Feuerbach, ÜWC-EE. In: *GW*. Bd. 9. S. 427. 船山訳『全集』第一〇巻、三七一頁。

4 Vgl. *Ebd*. S. 432f. 船山訳『全集』第一〇巻、三七七頁以下参照。

5 M. Stirner, *EE*. S. 204. 片岡訳下、五〇頁。

6 Vgl. *Ebd*. S. 230ff. 片岡訳下、八五頁以下参照。

7 Vgl. *Ebd*. S. 164. 片岡訳上、二〇〇頁以下参照。

8 Vgl. *Ebd*. 同上、二〇一頁参照。

9 本著、七六頁参照。

10 Vgl. Ebd. De ratione, una, universali, infinita. In: *GW*. Bd. 1. S. 8, 16 u. 18. 船山訳『全集』第一巻、七、一〇、一二頁参照。なお船山訳は、訳者「解題」で注意されているように、ボーリンとヨードルの編集による『フォイエルバッハ全集』のドイツ語訳からの重訳である。それは、教授資格申請論文『統一的普遍的無限的な理性について』として加筆修正された学位論文『無限的統一的共同的理性について(De infinitate, unitate, atque communitate rationes)』である。

11 Vgl. Ebd. Ergänzungen und Erläuterungen zum „Wesen der Religion". In: *GW*. Bd. 10. S. 81f. 船山訳『全集』第一一巻、一〇一頁以下参照。

12 Vgl. Ebd. Vorlesungen über das Wesen der Religion. In: *GW*. Bd. 6. S. 59ff. 船山訳『全集』第一一巻、

二五八―二六〇頁参照。

13　Vgl. *Ebd.* S. 60f. 船山訳『全集』第一一巻、二五九頁以下参照。

14　本著、五四頁参照。

15　Vgl. Ebd. Über Spiritualismus und Materialismus, besonders in Beziehung auf die Willensfreiheit. In: *GW*. Bd. 11. S. 171 u. 175. 船山訳『全集』第三巻、二三九、二四五頁参照。以下この著はÜSMと略

16　本著、六六頁以下参照。

17　ダウマーは若いときからのフォイエルバッハの友人であり、彼が『キリスト教の本質』においてユダヤ教のエゴイズムを批判したとき、彼は、一八四二年一月半ばと推定されるフォイエルバッハ宛の書簡（書簡番号282）で、アイゼンメンガー（一六五四―一七〇四年）の著作『発見されたユダヤ教』に貴重な典拠があることを教えている（Vgl. Von Georg Friedrich Daumer [Mitte Januar 1842]. In: *GW*. Bd. 18. S. 151.）。『キリスト教の本質』第二版と第三版にはこの著作への言及があり、ダウマーの助言を取り入れたことがわかる（Vgl. L. Feuerbach, WC. In: *GW*. Bd. 5. S. 513f. 船山訳『全集』第一〇巻、一九一頁参照）。

また思想的な見解は対立しがちであったことは、本著第二章の三節で紹介した史料④の弟宛書簡にも示されている。またフォイエルバッハは「マリア崇拝にかんして」（一八四二年）でエウセビウス・エンメラン（ダウマーの偽名）の著作『聖処女マリアのグロリア――物語と詩』（一八四一年）への批判を展開している（Vgl. Ebd. Über den Marienkultus. In: *GW*. Bd. 9. S. 156-176. 船山訳『全集』第一五巻、七七―一〇三頁参照）。

　またマルクスとエンゲルスは、ダウマーの『新世紀の宗教。箴言を組み合わせた基礎づけの試み』（一八五〇年）を批判した評論を『新ライン新聞、政治経済評論』（一八五〇年二月）第二号で行っている。その主な批判は、①近代の階級闘争の歴史的条件を明らかにせずに、教養に対する粗野の闘争としていること、②社会状態の変革と同時に宗教的観念の変革が生じるのに、逆に新宗教の登場によって新しい世界状態が生じたとしていること、③キリスト教以前の古い自然宗教の復活を目指しているが、近代産業と結びついて近代自然科学が全自然を変革したことを無視していること、の三点である。

Vgl. ME, Rezension der „G. F. Daumer. Die Religion des neuen Weltalters. Versuch einer combinatorisch-aphoristischen Grundlegung. 2 Bde. Hamburg, 1850.“ Neue Rheinische Zeitung. Politisch-ökonomische Revue. H. 2, Feb. 1850. In: *MEGA*. Erster Abt. Bd. 10. S. 197-202. 『マルエン全集』第七巻、二〇四—二〇九頁参照。

18 全集編集者のシュッフェンハウアーによれば、この書簡は、友人ダウマーの『人間精神の原史』（一八二七年）および『思弁哲学体系の示唆』（一八三一年）とフォイエルバッハの『死と不死の諸思想』をめぐる意見交換だとされている（Vgl. W. Schuffenhauer, Untersuchungen und Erläuterungen. In: *GW*. Bd. 18. S. 538f.

19 Vgl. L. Feuerbach, An Georg Friedrich Daumer.[Um 1830]. In: *GW*. Bd. 18. S. 431f. 船山訳『全集』第四巻、三二六頁参照。なおボーリン・ヨードル版のフォイエルバッハ全集に依拠した船山訳『全集』では、この投函されなかった書簡草稿は、「ダウマー著『新時代の宗教』——一八五〇年」と題されて、部分的に紹介されている。

20 *Ebd*. S. 432.

21 Vgl. *Ebd*. S. 436.

22 拙著『四人のカールとフォイエルバッハ』こぶし書房、二〇一五年、八七頁以下参照。

23 Vgl. M. Stirner, *EE*. S. 62f. 片岡訳上、七六頁以下参照。

24 Vgl. L. Feuerbach, WC-EE. In: *GW*. Bd. 9. S. 440. 船山訳『全集』第一〇巻、三八九頁参照。

25 Immanuel Kant, Beantwortung der Frage: Was ist die Aufklärung? In: *Kants Werke*. Akademie-Textausgabe. Bd. VIII. S. 35. 小倉志祥訳『カント全集』第一三巻、理想社、一九八八年、三九頁。

26 Vgl. M. Stirner, Recensenten Stirners. In: *Wigand's Vierteljahrsschrift*. 1845, II. Halbjahr. S. 183. 星野智、滝口清栄訳「シュティルナーの批評家たち」、良知力、広松渉編『ヘーゲル左派論叢』第一巻『ドイツイデオロギー内部論争』、八六頁参照。Und vgl. Ebd. *EE*. S. 45. 片岡訳上、五七頁参照。

27 Vgl. *Ebd*. S. 325. 片岡訳下、二〇八頁参照。また Vgl. L. Feuerbach, Grundsätze der Philosophie der Zukunft. In: *GW*. Bd. 9. S. 318f. 船山訳『全集』第二巻、

一三三頁参照。

28 L. Feuerbach, WC. In: *GW*. Bd. 5. S. 108. 同上第九巻、一二四頁。

29 *Ebd*. S. 110. Anm. 4. 同上、一二五頁。

30 *Ebd*. S. 436. 同上第一〇巻、一一三頁。

31 Vgl. M. Stirner, *EE*. S. 324f. 片岡訳下、二〇七頁以下参照。

32 Vgl. Mackay, *MS*. S. 50 u. 181ff.

33 L. Feuerbach, WC. In: *GW*. Bd. 5. S. 75. 舩山訳『全集』第五巻、九三頁

34 Vgl. M. Stirner, *EE*. S. 364. 片岡訳下、二五八頁以下参照。

35 *Ebd*. S. 322. 同上、二〇四頁。片岡訳は、このFüreinandertunの末尾を-tumと読み間違え、「相互存在《フューアインアンダートゥム》」とし、「互いのためにあること」といったほどの意」と訳注がつけられている。

36 *Ebd*. S. 239. 同上、九七頁。片岡訳では「対立的相互関係（Gegenseitigkeit）」が「相互関係」と訳されている。

37 Vgl. *Ebd*. S. 240f. 同上、九九頁参照。

38 Vgl. *Ebd*. S. 241ff. 同上、九九―一〇二頁参照。

39 西川長夫は、国家によって支配され国民化される「国民」なるものを「怪物」として描いている。西川長夫『国民国家論の射程』柏書房、一九九八年、一四頁参照。

40 Vgl. M. Stirner, *EE*. S. 245f. 同上、一〇四―一〇六頁参照。

41 *Ebd*. S. 246. 同上、一〇五頁。

42 *Ebd*. S. 260. 同上、一二一頁。

43 *Ebd*. S. 296. 同上、一六九頁。

44 Vgl. *Ebd*. S. 316. 同上、一九六頁。

45 Vgl. *Ebd*. S. 358. 同上、二五〇頁参照。

46 *Ebd*. S. 357. 同上、二四九頁以下。

47 *Ebd*. S. 358. 同上、二五〇頁以下。

48 *Ebd*. S. 367. 同上、二六二頁。

49 *Ebd*. S. 411. 同上、三三一頁。

50 Ernst Bloch, Erbschaft dieser Zeit. Erweiterte Ausgabe. In: *Ernst Bloch Gesamtausgabe in 16 Bänden*, FaM: Suhrkamp Verlag, 1962, Bd. 4. S. 119. 池田浩士訳『この時代の遺産』三一書房、一九八二年、九一頁。

51 Rudolf Eisler, *Wörterbuch der philosophischen Begrif-*

fe. 4te völlig neubearbeitete Aufl. Verlegt bei Berlin: E. S. Mittler & Sohn, 1927, Erster Bd. S. 299.

52 Karl Löwith, Einleitung. In: *Die hegelsche Lirke.* Stuttgart-Bad Cannstatt: Friedrich Frommann Verlag Günther Holzboog, 1988, S. 16.

53 Vgl. R. W. K. Paterson, *The nihilistic egoist, Max Stirner.* London, NY, Toronto: Oxford Univ. Press, 1971, p. 315.

54 Vgl. Karl Löwith, Von Hegel zu Nietzsche. Der revolutionäre Bruch im Denken des 19. Jahrhunderts. In: *Karl Löwith Sämtliche Schriften.* Stuttgart: J. B. Metzlersche Verlagsbuchhandlung, 1990, Bd .4. S. 134. 柴田治三郎訳『ヘーゲルからニーチェへI』岩波書店、一九五二年、一三四頁。

55 Vgl. *Ebd.* S. 315. 同上『ヘーゲルからニーチェへII』同上、一九五三年、二一一頁参照。

56 M. Stirner, *EE.* S. 307. 片岡訳下、一八三頁。

57 Vgl. Wilhelm Windelband, *Lehrbuch der Geschichte der Philosophie.* 16. Aufl. Tübingen: J. C. B. Mohr (Paul Siebeck), 1976, S. 576.

58 Vgl. Bernd Kast, *Die Thematik des „Eigners“ in der Philosophie Max Stirners.* Bon: Bouvier Verlag Herbert Grundmann, 1979, S. 459f.

なおこの博士論文は、その表題が「マックス・シュティルナーの思弁哲学の破壊――唯一者のラジカルさ、および人間と人間性という抽象の解消」に変更され、その後の研究文献を取り入れて一部を加筆して出版されている。Vgl. Ebd. *Max Stirners Destruktion der spekulativen Philosophie. Das Radikal des Eigners und die Auflösung der Abstrakta Mensch und Menschheit.* S. 329.

59 Vgl. Bernd Kast, Nachwort des Herausgebers. In: *Kast EE.* S. 373-394.

60 Vgl. *Ebd.* S. 374.

61 Vgl. *Ebd.* S. 376.

62 M. Stirner, *EE.* S. 171. 片岡訳下、六頁。

63 *Ebd.* S. 398. 片岡訳下、三〇三頁。

64 Vgl. B. Kast, Nachwort des Herausgebers. In: *Kast EE.* S. 379f.

ナ行

ハ行

マ行

ヤ行

ラ行

人名索引（五十音順）

著者略歴
服部健二（はっとり けんじ）
1946年生まれ。四国学院大学人文学科卒業。立命館大学大学院文学研究科西洋哲学専攻博士課程単位取得退学。立命館大学名誉教授、名誉役員。主な著書に『自然史の思想と実践的直観』（2020年、こぶし書房）、『アドルノ的唯物論との対話』（2016年、こぶし書房）、『レーヴィットから京都学派とその「左派」の人間学へ』（同）、『四人のカールとフォイエルバッハ』（2015年、同）、『西田哲学と左派の人たち』（2000年、同）、『歴史における自然の論理』（1990年、新泉社）、訳書にテオドール・W・アドルノ『フッサール現象学における物的ノエマ的なものの超越』（共訳、2006年、こぶし書房）、マックス・ホルクハイマー『理論哲学と実践哲学の結合子としてのカント『判断力批判』』（共訳、2010年、同）などがある。

唯一者と無
シュティルナー・フォイエルバッハ論争を見直す

2023年 4月 10日　初版第 1 刷発行

著　者　服部健二
装　幀　岩瀬　聡
発行所　株式会社現代思潮新社
〒 112-0013　東京都文京区音羽 2-5-11-101
電話　03-5981-9214　FAX　03-5981-9215　振替　00110-0-72442
URL: http//www.gendaishicho.co.jp/　E-mail: pb@gendaishicho.co.jp

印刷・製本　モリモト印刷株式会社

 ISBN 978-4-329-10015-3
定価はカバーに表示してあります。